KSIĄŻKA KUCHENNA WSPANIAŁE GALETY

100 słodkich i pikantnych przepisów rustykalnych na każdą okazję

Sandra Pawlak

Prawa autorskie ©2024

Wszelkie prawa zastrzeżone

Żadna część tej książki nie może być wykorzystywana ani przekazywana w jakiejkolwiek formie i w jakikolwiek sposób bez odpowiedniej pisemnej zgody wydawcy i właściciela praw autorskich, z wyjątkiem krótkich cytatów użytych w recenzji . Niniejsza książka nie powinna być traktowana jako substytut porady lekarskiej, prawnej lub innej porady zawodowej.

SPIS TREŚCI

SPIS TREŚCI 3
WSTĘP 6
CIASTO GALETTE 7
   1. Podstawowe ciasto galette 8
   2. Spód z ciasta pełnoziarnistego galette 10
   3. Bezglutenowe ciasto galette 12
   4. Ciasto galette z mąki kukurydzianej 14
   5. Ciasto galette z oliwą z oliwek 16
   6. Ciasto żytnie galette 18
   7. Spód z ciasta gryczanego galette 20
GALETY OWOCOWE 22
   8. Galette miodowo-brzoskwiniowa 23
   9. Galette z bazylią jagodową 25
  10. Galettes bananowo-Biscoff s'mores 27
  11. Galettes ze świeżymi figami 30
  12. Galette z karmelizowanymi jabłkami 33
  13. Galette imbirowo-gruszkowa 36
  14. Gruszka i Roquefort Galette 39
  15. Galette śliwkowa 41
  16. Rustykalna galette z suszonymi jabłkami i wiśniami z Crème Fraîche 44
  17. Galette jabłkowo-twarożkowa z karmelem i migdałami 47
  18. Galette mieszana jagodowo-Earl Grey 49
  19. Galette malinowo-cytrynowa 52
  20. Galette jagodowo-lawendowa 54
  21. Galette wiśniowo-migdałowa 56
  22. Galette jeżynowo-miętowa 58
GALETY WARZYWNE 60
  23. Galette z dynią piżmową i jabłkiem 61
  24. Galettes z czerwoną papryką i jajkiem pieczonym 63
  25. Galettes ze szparagami, prosciutto i kozim serem 66
  26. Galette z bakłażana i pomidora 69
  27. Galettes ziemniaczano-porowe 72
  28. Galette boćwina z fetą i orzeszkami pinii 74
  29. Galette z grzybami i selerem z sosem grzybowym 77
  30. Galette ziemniaczano-grzybowa 81
  31. Galette ziemniaczana 83
  32. Galette z pomidorami i karmelizowaną cebulą 86
  33. Galette kukurydziana z cukinią i kozim serem 88
  34. Serowe salami i galette pomidorowa 91
  35. Galette z pomidorami, pesto i kozim serem 93

36. Galette ze szpinakiem i ricottą 95
37. Brokuły i Cheddar Galette 97
38. Galette z cukinii i ricotty z pesto bazyliowym 99
39. Galette z karmelizowaną cebulą i szpinakiem 101

ORZECHOWE GALETY 103
40. Galettes malinowo-orzechowy z coulisem malinowym 104
41. Galette z orzechami mango i nutellą 106
42. Nektarynka i śliwka Pistacjowa Galette 108
43. Dżem malinowo-lukrecjowy i Galette orzechów laskowych 111
44. Galette z serkiem migdałowo-pikantnym 114
45. Galette brzoskwiniowo-jeżynowa z migdałami 117
46. Galette orzech żurawinowy 120
47. Galette czekoladowo-orzechowa 122
48. Glazurowana galette brzoskwiniowa z kremem z nerkowców 124
49. Galettes z rabarbarem, różą i truskawką, pistacjowe 127
50. Galette z jabłkami i orzechami laskowymi 131

GALETY ZIOŁOWE 134
51. Galette złoty pomidor i bazylia 135
52. Jabłko Galette pachnące tymiankiem 138
53. Galette z cukinii, estragonu i tymianku 141
54. Galette jabłkowo-rozmarynowa 144
55. Galette z szałwią gruszkową 146
56. Galette z groszkiem, ricottą i koperkiem 149
57. Galette ze szparagami i szczypiorkiem 152
58. Galette z pomidorami, serem i oregano 155
59. Galette z marchewką i serkiem ziołowym 157
60. Galette jeżynowo-miętowa 160
61. Galette z tymiankiem cytrynowym i jagodami 163
62. Galette z bazylią i pomidorami wiśniowymi 165
63. Galette z kolendrą i limonką 167
64. Galette z szałwią i dynią piżmową 169
65. Galette z groszkiem miętowym i fetą 171
66. Galette ziemniaczano-rozmarynowo-cytrynowa 173
67. Galette z karmelizowaną szalotką i tymiankiem 175
68. Galette Brie i Szałwii z Karmelizowaną Cebulą 177

PIKANTNE GALETY 179
69. Galette jabłkowa z przyprawami chai 180
70. Galette brzoskwiniowa w pięciu przyprawach 183
71. Galette z pomidorami i jalapeno 186
72. Galette z zimowymi owocami i piernikiem 188
73. Galette migdałowo-molowa przyprawiona kardamonem 192
74. Galette ze słodkich ziemniaków i czarnej fasoli chipotle 196

GALETY CZEKOLADOWE 198

75. Galette Czekoladowa Nutella 199
76. Galette Czekoladowo-Malinowa 201
77. Galette Czekoladowa Solony Karmel 203
78. Galette Czekoladowo-Bananowa 205
79. Galette z białą czekoladą i malinami 207
80. Galette Czekoladowo Wiśniowa 209
81. Kubek z masłem orzechowym S'mores Galette 211
82. Galette z ciemnej czekolady i pomarańczy 214
83. Galette z czekoladą kokosową 216

MIĘSNE GALETY 218

84. Galette Kiełbasa 219
85. Galette z Kurczakiem i Grzybami 222
86. Galette z wołowiną i karmelizowaną cebulą 224
87. Galette z szynką i serem 226
88. Galette z indykiem i żurawiną 229
89. Galette z jagnięciną i fetą 231
90. Galette Szarpana Wieprzowina i Coleslaw 233
91. Galette z bekonem, jajkiem i serem 235
92. Galette Ziemniaczano-Kiełbasa-Rozmarynowa 237
93. Galette Pieczone Pomidory Na Dwa Sposoby 240

GALETY WARZYWNE 244

94. Ratatouille Galette 245
95. Galette Warzywna Curry 247
96. Caprese Galette 249
97. Grzyb i Gruyere Galette 251
98. Galette ze szpinakiem i fetą 253
99. Galette Pieczone Warzywa 255
100. Galette z cukinii i pomidorów 257

WNIOSEK 260

WSTĘP

Witamy w „KSIĄŻKA KUCHENNA WSPANIAŁE GALETY: 100 słodkich i pikantnych rustykalnych przepisów na każdą okazję!" Galettes są uosobieniem rustykalnego uroku i kulinarnej rozkoszy, oferując wszechstronne płótno zarówno do słodkich, jak i pikantnych kreacji. Pochodzące z Francji galettes podbiły serca i kubki smakowe miłośników jedzenia na całym świecie swoją prostotą, elegancją i smakowitością. W tej książce kucharskiej wyruszamy w gastronomiczną podróż poprzez wyselekcjonowaną kolekcję 100 przepisów na galette , którym nie można się oprzeć, które wzbogacą Twój repertuar kulinarny i zachwycą Twoje zmysły. Galetki w swojej swobodnej formie ucieleśniają esencję domowych dobroci. Są skromne, a jednocześnie wyrafinowane, dzięki czemu idealnie nadają się na nieformalne spotkania, rodzinne obiady lub specjalne okazje. Niezależnie od tego, czy jesteś doświadczonym piekarzem, czy początkującym kucharzem, na tych stronach znajdziesz coś dla siebie. Od klasycznych galette wypełnionych owocami, pełnych sezonowych smaków po pikantne kreacje z mieszanką serów, warzyw i ziół – znajdziesz galette na każde podniebienie i na każdą okazję . Każdy przepis w tej książce kucharskiej został starannie opracowany , aby zapewnić łatwość przygotowania bez uszczerbku dla smaku i prezentacji. Dzięki szczegółowym instrukcjom, pomocnym wskazówkom i oszałamiającym fotografiom będziesz mieć pewność, że odtworzysz te kulinarne arcydzieła we własnej kuchni. Niezależnie od tego, czy masz ochotę na pocieszający deser, czy na słoną rozkosz, na tych stronach znajdziesz inspirację i satysfakcję.

A zatem zakasaj rękawy, odkurz wałek i przygotuj się na pyszną przygodę z galettes w roli przewodnika. Niezależnie od tego, czy pieczesz dla siebie, rodziny, czy grupy przyjaciół, „KSIĄŻKA KUCHENNA WSPANIAŁE GALETY" obiecuje, że zachwyci Twoje kubki smakowe i sprawi, że będziesz mieć ochotę na więcej. Celebrujmy radość domowego wypieku i ponadczasowy urok rustykalnej kuchni każdym smakowitym kęsem.

CIASTO GALETOWE

1. Podstawowe ciasto Galette

SKŁADNIKI:
- 1 1/4 szklanki mąki uniwersalnej
- 1/2 łyżeczki soli
- 1/2 szklanki (1 sztyft) zimnego, niesolonego masła, pokrojonego na małe kawałki
- 1/4 szklanki wody z lodem

INSTRUKCJE:
a) W dużej misce wymieszaj mąkę i sól.
b) Dodaj kawałki zimnego masła do mąki i za pomocą noża do ciasta lub palców wcieraj masło w mąkę, aż mieszanina będzie przypominać grube okruszki.
c) Stopniowo dodawaj wodę z lodem, 1 łyżkę stołową na raz, mieszając widelcem, aż ciasto zacznie się łączyć.
d) Z ciasta uformuj kulę, spłaszcz go w dysk, zawiń w folię i wstaw do lodówki na co najmniej 30 minut przed użyciem.

2.Ciasto pełnoziarniste Galette

SKŁADNIKI:
- 1 szklanka mąki pełnoziarnistej
- 1/2 szklanki mąki uniwersalnej
- 1/2 łyżeczki soli
- 1/2 szklanki (1 sztyft) zimnego, niesolonego masła, pokrojonego na małe kawałki
- 1/4 szklanki wody z lodem

INSTRUKCJE:
a) W dużej misce wymieszaj mąkę pełnoziarnistą, mąkę uniwersalną i sól.
b) Dodaj kawałki zimnego masła do mąki i za pomocą noża do ciasta lub palców wcieraj masło w mąkę, aż mieszanina będzie przypominać grube okruszki.
c) Stopniowo dodawaj wodę z lodem, 1 łyżkę stołową na raz, mieszając widelcem, aż ciasto zacznie się łączyć.
d) Z ciasta uformuj kulę, spłaszcz go w dysk, zawiń w folię i wstaw do lodówki na co najmniej 30 minut przed użyciem.

3.Bezglutenowe ciasto galette

SKŁADNIKI:
- 1 szklanka mąki bezglutenowej uniwersalnej
- 1/4 szklanki mąki migdałowej
- 1/2 łyżeczki soli
- 1/2 szklanki (1 sztyft) zimnego, niesolonego masła, pokrojonego na małe kawałki
- 1/4 szklanki wody z lodem

INSTRUKCJE:
a) W dużej misce wymieszaj bezglutenową mąkę uniwersalną, mąkę migdałową i sól.
b) Dodaj kawałki zimnego masła do mąki i za pomocą noża do ciasta lub palców wcieraj masło w mąkę, aż mieszanina będzie przypominać grube okruszki.
c) Stopniowo dodawaj wodę z lodem, 1 łyżkę stołową na raz, mieszając widelcem, aż ciasto zacznie się łączyć.
d) Z ciasta uformuj kulę, spłaszcz go w dysk, zawiń w folię i wstaw do lodówki na co najmniej 30 minut przed użyciem.

4. Ciasto Galette z mąki kukurydzianej

SKŁADNIKI:
- 1 Mąkę o wszechstronnym przeznaczeniu
- 1/4 szklanki mąki kukurydzianej
- 1/2 łyżeczki soli
- 1/2 szklanki (1 sztyft) zimnego, niesolonego masła, pokrojonego na małe kawałki
- 1/4 szklanki wody z lodem

INSTRUKCJE:
a) W dużej misce wymieszaj mąkę uniwersalną, mąkę kukurydzianą i sól.
b) Dodaj kawałki zimnego masła do mąki i za pomocą noża do ciasta lub palców wcieraj masło w mąkę, aż mieszanina będzie przypominać grube okruszki.
c) Stopniowo dodawaj wodę z lodem, 1 łyżkę stołową na raz, mieszając widelcem, aż ciasto zacznie się łączyć.
d) Z ciasta uformuj kulę, spłaszcz go w dysk, zawiń w folię i wstaw do lodówki na co najmniej 30 minut przed użyciem.

5.Ciasto Galette z oliwą z oliwek

SKŁADNIKI:
- 1 1/4 szklanki mąki uniwersalnej
- 1/2 łyżeczki soli
- 1/4 szklanki oliwy z oliwek
- 1/4 szklanki wody z lodem

INSTRUKCJE:
a) W dużej misce wymieszaj mąkę i sól.
b) Skropić oliwą z oliwek mieszaninę mąki i za pomocą widelca wymieszać, aż mieszanina będzie przypominać grube okruchy.
c) Stopniowo dodawaj wodę z lodem, 1 łyżkę stołową na raz, mieszając widelcem, aż ciasto zacznie się łączyć.
d) Z ciasta uformuj kulę, spłaszcz go w dysk, zawiń w folię i wstaw do lodówki na co najmniej 30 minut przed użyciem.

6.Ciasto żytnie galette

SKŁADNIKI:
- 1 szklanka mąki żytniej
- 1/2 szklanki mąki uniwersalnej
- 1/2 łyżeczki soli
- 1/2 szklanki (1 sztyft) zimnego, niesolonego masła, pokrojonego na małe kawałki
- 1/4 szklanki wody z lodem

INSTRUKCJE:
a) W dużej misce wymieszaj mąkę żytnią, mąkę uniwersalną i sól.
b) Dodaj kawałki zimnego masła do mąki i za pomocą noża do ciasta lub palców wcieraj masło w mąkę, aż mieszanina będzie przypominać grube okruszki.
c) Stopniowo dodawaj wodę z lodem, 1 łyżkę stołową na raz, mieszając widelcem, aż ciasto zacznie się łączyć.
d) Z ciasta uformuj kulę, spłaszcz go w dysk, zawiń w folię i wstaw do lodówki na co najmniej 30 minut przed użyciem.

7.Ciasto Gryczane Galette

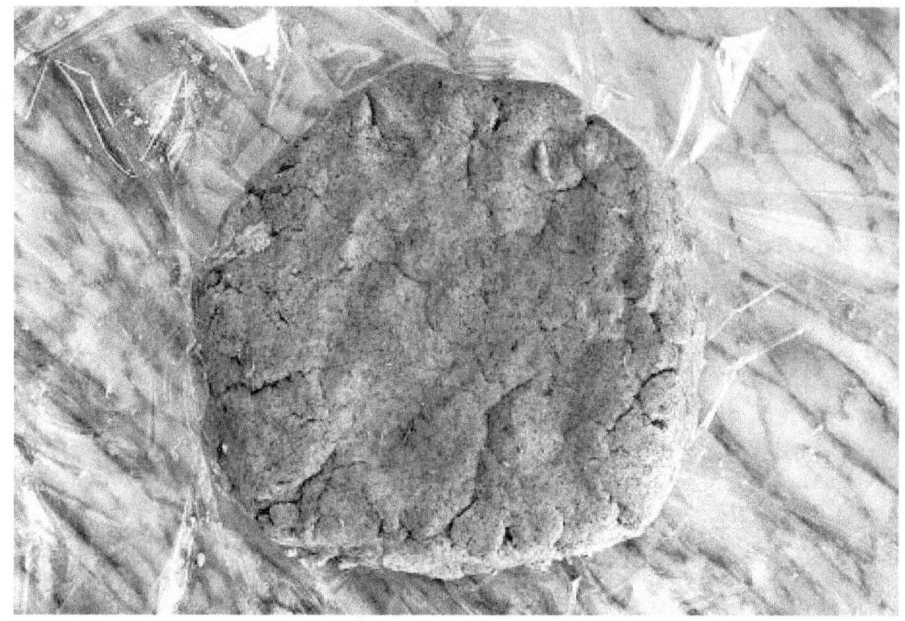

SKŁADNIKI:
- 1 szklanka mąki gryczanej
- 1/2 szklanki mąki uniwersalnej
- 1/2 łyżeczki soli
- 1/2 szklanki (1 sztyft) zimnego, niesolonego masła, pokrojonego na małe kawałki
- 1/4 szklanki wody z lodem

INSTRUKCJE:
a) W dużej misce wymieszaj mąkę gryczaną, mąkę uniwersalną i sól.
b) Dodaj kawałki zimnego masła do mąki i za pomocą noża do ciasta lub palców wcieraj masło w mąkę, aż mieszanina będzie przypominać grube okruszki.
c) Stopniowo dodawaj wodę z lodem, 1 łyżkę stołową na raz, mieszając widelcem, aż ciasto zacznie się łączyć.
d) Z ciasta uformuj kulę, spłaszcz go w dysk, zawiń w folię i wstaw do lodówki na co najmniej 30 minut przed użyciem.

GALETY OWOCOWE

8. Galette Miodowo-Brzoskwiniowa

SKŁADNIKI:
- 4-5 dojrzałych brzoskwiń pokrojonych w plasterki
- 2 łyżki miodu
- 1 łyżka skrobi kukurydzianej
- 1 łyżeczka ekstraktu waniliowego
- ¼ łyżeczki mielonego cynamonu
- 1 schłodzony spód ciasta (lub domowy)

INSTRUKCJE:

a) Rozgrzej piekarnik do 190°C (375°F).

b) W misce połącz pokrojone brzoskwinie, miód, skrobię kukurydzianą, ekstrakt waniliowy i mielony cynamon. Mieszaj, aż brzoskwinie równomiernie się nią pokryją.

c) Rozwałkuj spód ciasta i połóż go na blasze do pieczenia.

d) Ułóż plasterki brzoskwiń na środku ciasta, pozostawiając brzegi na brzegach.

e) Złóż brzegi ciasta na brzoskwinie, tworząc rustykalny kształt galette.

f) Piec przez 30-35 minut lub do momentu, aż skórka będzie złotobrązowa, a brzoskwinie miękkie.

g) Przed podaniem galette należy lekko ostudzić. Opcjonalnie przed podaniem można skropić miodem.

9. Galette z bazylią i jagodami

SKŁADNIKI:
- 1 gotowy spód ciasta
- 2 szklanki mieszanych owoców jagodowych (truskawki, jagody, maliny)
- ¼ szklanki granulowanego cukru
- 1 łyżka świeżej bazylii, posiekanej
- 1 łyżka skrobi kukurydzianej
- 1 łyżka soku z cytryny
- 1 jajko (roztrzepane, do posmarowania)
- 1 łyżka cukru turbinado (do posypania)

INSTRUKCJE:

a) Rozgrzej piekarnik do 190°C i wyłóż blachę do pieczenia papierem pergaminowym.

b) W misce wymieszaj mieszankę jagód, cukier granulowany, posiekaną bazylię, skrobię kukurydzianą i sok z cytryny.

c) Rozwałkuj ciasto na przygotowanej blasze do pieczenia.

d) Nałóż masę jagodową na środek ciasta, pozostawiając brzegi na brzegach.

e) Złóż brzegi ciasta na jagody, tworząc rustykalny kształt galette.

f) Brzegi ciasta posmaruj roztrzepanym jajkiem i posyp cukrem turbinado.

g) Piec przez 25-30 minut lub do momentu, aż skórka będzie złocista, a jagody musujące.

10. Bananowe i Biscoff s'Mores

SKŁADNIKI:
NA CIASTO GALETTE:
- 1 ¼ szklanki mąki uniwersalnej
- 1 łyżka cukru granulowanego
- ¼ łyżeczki soli
- ½ szklanki niesolonego masła, zimnego i pokrojonego w małą kostkę
- 3-4 łyżki wody z lodem

DO WYPEŁNIENIA:
- 2 dojrzałe banany, pokrojone w plasterki
- ½ szklanki pasty Biscoff (lub pasty Speculoos)
- ½ szklanki mini pianek marshmallow
- 1 łyżka cukru kryształu do posypania

DO SERWOWANIA:
- Bita śmietana lub lody waniliowe (opcjonalnie)

INSTRUKCJE:
a) W misce wymieszaj mąkę, cukier i sól na ciasto galette . Dodaj zimne, pokrojone w kostkę masło i opuszkami palców lub nożem do ciasta pokrój masło z mieszanką mąki, aż będzie przypominało grubą okruchy.
b) Stopniowo dodawaj wodę z lodem, po 1 łyżce na raz, i mieszaj, aż ciasto się połączy. Z ciasta uformuj dysk, zawiń go w folię i włóż do lodówki na co najmniej 30 minut.
c) Rozgrzej piekarnik do 190°C (375°F). Blachę do pieczenia wyłóż papierem pergaminowym.
d) Na lekko posypanej mąką powierzchni rozwałkuj schłodzone ciasto galette na szorstki okrąg o grubości około ⅛ cala. Rozwałkowane ciasto przełożyć na przygotowaną blachę.
e) Rozsmaruj masę biszkoptową na środku ciasta galette , pozostawiając brzegi na brzegach. Na wierzchu kremu Biscoff ułóż pokrojone w plasterki banany .
f) Posyp równomiernie mini pianki marshmallows na bananach. Złóż brzegi ciasta galette do wewnątrz, delikatnie nakładając nadzienie.
g) Posyp granulowanym cukrem zawinięte brzegi ciasta galette .

h) Piec w nagrzanym piekarniku przez około 20-25 minut lub do momentu, aż galette będzie złotobrązowa, a nadzienie będzie musujące.
i) Wyjmij galette z piekarnika i przed podaniem odczekaj kilka minut, aż ostygnie.
j) Podawaj ciepłą galette samą lub z kleksem bitej śmietany lub gałką lodów waniliowych, aby uzyskać dodatkową rozkosz.

11. Galettes ze świeżych fig

SKŁADNIKI:
NA CIASTO:
- ¾ łyżeczki soli
- ½ szklanki (1 sztyft) niesolonego masła, schłodzonego, pokrojonego na małe kawałki
- 7 łyżek stałego tłuszczu roślinnego, schłodzonego, w małych kawałkach
- Około ¼ szklanki wody z lodem

DO WYPEŁNIENIA:
- 1 ½ funta świeżych fig
- 6 łyżek cukru
- Płyn jajeczny (1 żółtko roztrzepane z 2 łyżeczkami gęstej śmietanki)
- Cukier do felg galette

INSTRUKCJE:
PRZYGOTOWANIE CIASTA:
a) W robocie kuchennym połącz mąkę i sól. Pulsuj trzy lub cztery razy, aby wymieszać.
b) Dodać kawałki masła i pulsować kilka razy, aż tłuszcz równomiernie się rozprowadzi i pokryje mąką.
c) Dodajemy kawałki tłuszczu i pulsujemy kilka razy, aż tłuszcz pokryje się mąką. Powinny pozostać kawałki tłuszczu pokrytego mąką, wielkości dużego groszku.
d) Przenieś mieszaninę do dużej miski. Skropić lodowatą wodą, mieszając widelcem, aż ciasto zacznie się łączyć w grudki, a następnie zebrać ciasto rękami.
e) Należy jak najrzadziej obchodzić się z ciastem, następnie owinąć je folią i przechowywać w lodówce aż do schłodzenia, co najmniej 2 godziny.

MONTAŻ GALETTY:
f) Rozgrzej piekarnik do 425 stopni.
g) Aby przygotować nadzienie, przekrój figi przez końcówkę łodygi lub, jeśli są duże, pokrój je na szóstki. Odłożyć do miski.
h) Tuż przed przygotowaniem galettes posyp figi 6 łyżkami cukru i delikatnie wymieszaj.

i) Ciasto podzielić na 6 równych części. Pracując z jednym kawałkiem na raz, rozwałkuj ciasto na lekko posypanej mąką desce w okrąg o grubości około ⅛ cala.
j) Użyj odwróconego talerza lub kartonowego szablonu, aby narysować schludny 7-calowy okrąg. Przenieś okrąg na ciężką blachę do pieczenia.
k) Ułóż jedną szóstą fig atrakcyjnie pośrodku, pozostawiając dookoła 1,5-calową krawędź.
l) Złóż brzeg, tworząc brzeg, uważając, aby w cieście nie było pęknięć, w przeciwnym razie podczas pieczenia wyciekną soki owocowe. W razie potrzeby posmaruj kawałkami przyciętego ciasta lekko zwilżonymi zimną wodą.
m) Posmaruj brzegi odrobiną roztrzepanego jajka, a następnie posyp obficie cukrem.
n) Powtórz tę czynność z pozostałym ciastem, aby uzyskać 6 galety. Prawdopodobnie zmieścisz tylko połowę z nich na blasze do pieczenia na raz.
o) Złożyć i upiec 3 galettes na raz, zamiast piec 2 arkusze na raz.
p) Piec, aż skórka będzie złocista, a owoce musujące, od 22 do 25 minut.
q) Przełożyć na kratkę i lekko ostudzić przed podaniem.

12. Galette z karmelizowanymi jabłkami

SKŁADNIKI:
- 1 Przepis na szybkie ciasto francuskie
- 1 Northern Spy lub inne mocno upieczone jabłko
- ¼ szklanki) cukru
- 2 łyżki niesolonego masła
- 1 łyżka Calvadosu (francuskiej brandy jabłkowej)

INSTRUKCJE:

a) Na lekko posypanej mąką powierzchni roboczej rozwałkuj jedną ósmą ciasta szybkiego ciasta francuskiego na grubość około ⅛ cala.
b) Używając ostrego noża do obierania, pokrój ciasto w okrąg o średnicy około 7½ cala. Przełożyć na blachę wyłożoną pergaminem i wstawić do lodówki do schłodzenia na około 15 minut.
c) Rozgrzej piekarnik do 425°F. Umieść schłodzone ciasto na ciężkiej żeliwnej patelni o średnicy 6½ cala na dnie.
d) Jabłko obrać, wydrążyć i przekroić wzdłuż na pół.
e) Za pomocą mandoliny lub bardzo ostrego noża pokrój połówki jabłka wzdłuż na dwadzieścia pięć centymetrowych plasterków.
f) plasterki jabłka w schludny wachlarzowy wzór, nakładając je na siebie i utrzymując je ½ cala od krawędzi ciasta. Tworząc wachlarzowy okrąg, wypełnij środek mniejszymi lub połamanymi plasterkami jabłka.
g) Posyp jabłka dwiema łyżkami cukru i posmaruj 1 łyżką masła, pokrojonego na bardzo małe kawałki.
h) Włóż patelnię do piekarnika i piecz, aż ciasto napęcznieje wzdłuż krawędzi patelni i stanie się złotobrązowe, około 30 minut.
i) Wyjmij patelnię z piekarnika. Za pomocą szpatułki zdejmij tartę z patelni i przełóż ją na talerz. Odłożyć na bok.
j) Na patelnię dodaj pozostałą łyżkę masła i postaw ją na średnim ogniu. Dodaj pozostałe 2 łyżki cukru i gotuj, aż cukier się rozpuści i utworzy jasny karmel, około 5 minut.
k) Odmierz Calvados do szklanki, następnie wlej go do karmelu. Gotuj alkohol przez około 2 do 3 minut.
l) Włóż tartę z powrotem na patelnię, stroną z jabłkami do dołu i smaż przez 4 do 5 minut, aż karmel wypłynie na tartę i zacznie wyglądać na nieco gęsty.
m) Zdejmij patelnię z ognia i ostrożnie odwróć tartę na talerz wystarczająco duży, aby złapać gorący karmel spływający z patelni.

13. Galette Imbirowo-Gruszkowa

SKŁADNIKI:
NA GRUSZKI GRUSZKOWANE:
- 6 dużych gruszek
- 6 filiżanek Pinot Noir
- 1 szklanka cukru
- 1 laska cynamonu
- 1 łyżka grubo posiekanego imbiru
- Skórka z 1 pomarańczy

NA CIASTO:
- 2⅓ szklanki mąki
- ½ szklanki tłuszczu
- ½ szklanki niesolonego masła
- 1 łyżeczka soli
- 2 łyżeczki mielonego kandyzowanego imbiru
- 6 do 8 łyżek zimnej wody

ZŁOŻYĆ:
- 4 łyżki roztopionego, niesolonego masła
- ½ szklanki) cukru
- 1 litr dobrej jakości lodów waniliowych

INSTRUKCJE:
NA GRUSZKI GRUSZKOWANE:
a) Obierz gruszki i przekrój je na pół; odłożyć na bok.
b) W dużym rondlu podgrzej wino, cukier, cynamon, imbir i skórkę pomarańczową i zagotuj.
c) Dodaj gruszki i gotuj na średnim ogniu, aż będą miękkie. Jeśli masz czas, pozwól gruszkom ostygnąć w płynie; jeśli nie, poczekaj, aż gruszki wystygną na tyle, aby można było je wziąć, a następnie pokrój w plasterki o grubości około ¼ cala i odłóż na bok.

NA CIASTO:
d) W średniej wielkości misce umieść mąkę, tłuszcz piekarski, masło, sól i imbir.
e) Opuszkami palców wymieszaj masło i tłuszcz, aż mieszanina będzie przypominała gruboziarnisty posiłek.
f) Dodajemy tyle wody, aby zwilżyć ciasto i mieszamy widelcem, aż ciasto się połączy.

g) Pozostaw ciasto na 20 do 30 minut.
h) Rozwałkuj ciasto na dobrze posypanej mąką stolnicy na grubość około ¼ cala. Wytnij 6 kółek o średnicy od 4 do 5 cali i umieść je na natłuszczonej blasze.
i) Każde kółko posmaruj obficie roztopionym masłem, a następnie posyp cukrem.
j) Ułóż plasterki gotowanej gruszki w kółko na każdym okręgu. Każdą ponownie posmaruj masłem i posyp cukrem.
k) Umieścić w piekarniku nagrzanym na 375 stopni i piec, aż skórka stanie się złotobrązowa, około 30 do 40 minut.
l) Wyjmij z piekarnika i pozostaw do ostygnięcia na około 10 minut. Zdjąć z patelni i ułożyć na talerzach deserowych.
m) Na każdą galette połóż gałkę lodów waniliowych i podawaj na ciepło.

14. Galette z gruszkami i Roquefortem

SKŁADNIKI:

- 1 (145 g) opakowanie mieszanki bazowej do pizzy
- 1 czerwona cebula, pokrojona w cienkie plasterki
- 1 duża dojrzała gruszka, pozbawiona gniazda nasiennego i pokrojona w cienkie plasterki
- 100 gramów sera Roquefort, pokruszonego
- Czarny pieprz do smaku

INSTRUKCJE:

a) Rozgrzej piekarnik do 220°C/425°F/gaz 7.
b) Przygotuj spód pizzy zgodnie z instrukcją na opakowaniu. Podziel go na 2 części i każdą połówkę rozwałkuj na okrąg.
c) Na każdym kółku ułóż pokrojoną w cienkie plasterki gruszkę i czerwoną cebulę.
d) W każdym krążku pokruszyć ser Roquefort na gruszkę i cebulę.
e) Piec w nagrzanym piekarniku przez około 15 minut lub do momentu, aż będzie złotobrązowy i gorący.
f) Zmiel na wierzch czarny pieprz i natychmiast podawaj z chrupiącą zieloną sałatą.

15. Galette śliwkowa

SKŁADNIKI:
DO SKORUPY:
- 1 ¼ szklanki (160 g) mąki uniwersalnej
- 1 łyżeczka cukru
- ½ łyżeczki soli
- ¼ kostki (137g) niesolonego masła, pokrojonego w kostkę
- ¼ szklanki (57 ml) kwaśnej śmietany
- 1 roztrzepane jajko do posmarowania jajek (opcjonalnie)
- 1 łyżeczka kremu do mycia jajek (opcjonalnie)
- Gruby cukier do posypania (opcjonalnie)

POŻYWNY:
- 6 do 8 tartych śliwek i/lub pluotów, wypestkowanych i pokrojonych w plasterki (około 570 g)
- ⅓ szklanki (70 g) cukru
- ⅛ łyżeczki cynamonu
- 1 łyżeczka soku z cytryny
- 1 łyżeczka skórki pomarańczowej (lub skórki cytrynowej)
- 1 łyżeczka szybkiej tapioki lub 1 łyżka mąki (do zagęszczenia)

INSTRUKCJE:
PRZYGOTOWAĆ ciasto na galetę:
a) W dużej misce wymieszaj mąkę, cukier i sól.
b) Dodaj pokrojone w kostkę masło do ciasta i za pomocą rąk lub blendera wmieszaj masło w ciasto, aż mieszanina będzie przypominać okruchy, z kawałkami masła nie większymi niż groszek.
c) Dodać śmietanę i wymieszać widelcem. Z ciasta uformuj kulę, spłaszcz go w dysk, owiń folią spożywczą i schładzaj przez co najmniej godzinę przed rozwałkowaniem.

POŻYWNY:
d) W średniej wielkości misce delikatnie wymieszaj plasterki śliwki z cukrem, cynamonem, sokiem z cytryny, skórką i tapioką błyskawiczną (lub mąką).
e) Blachę do pieczenia wyłóż papierem do pieczenia lub matą silikonową lub lekko posmaruj blachę masłem.

f) Lekko posyp mąką czystą powierzchnię i rozwałkuj ciasto na 13-calowe koło o równej grubości.
g) Rozwałkowane ciasto układamy na środku wyłożonej lub wysmarowanej masłem blachy do pieczenia.
h) Ułóż plastry śliwek w okrągły wzór, zaczynając od 1 ½ do 2 cali od zewnętrznej krawędzi ciasta, kierując się do środka.
i) Zawiń brzegi ciasta w górę i w górę, tak aby widoczny był okrąg nadzienia.
j) Jeśli chcesz atrakcyjnie wykończyć skórkę, w małej misce wymieszaj jajko i śmietanę.
k) Za pomocą pędzla posmaruj odsłonięty spód ciasta.
l) Posypać odrobiną grubego cukru.

UPIEC:
m) Umieścić na środkowej półce piekarnika. Piec w temperaturze 190°C przez 40-50 minut, aż skórka lekko się zarumieni, a nadzienie będzie musujące.
n) Przed podaniem studzimy na kratce przez godzinę.

16. Galette z suszonymi jabłkami i wiśniami z Crème Fraîche

SKŁADNIKI:

SKORUPA:
- 1 ½ szklanki mąki uniwersalnej
- ½ łyżeczki soli
- ½ szklanki niesolonego masła (1 sztyft), pokrojonego na ½-calowe kawałki, schłodzonego
- 4 łyżki wody z lodem (około)

POŻYWNY:
- 1 łyżka niesolonego masła
- 1 ½ funta kwaśnych zielonych jabłek, obranych, wydrążonych i pokrojonych na 8 klinów
- 4 łyżki cukru
- ¼ szklanki suszonych wiśni (około 2 uncji)
- 2¾ łyżeczki mielonego cynamonu

SOS KARMELOWY:
- 1 szklanka crème fraîche lub kwaśnej śmietany
- 1 ½ szklanki cukru
- ½ szklanki wody
- 3 łyżki niesolonego masła
- 1 szklanka śmietany do ubijania

INSTRUKCJE:

DO SKORUPY:
a) W robocie kuchennym wymieszaj mąkę i sól. Dodaj schłodzone masło i miksuj, aż mieszanina będzie przypominać gruboziarnisty posiłek.
b) Dodaj 3 łyżki lodowatej wody i miksuj, aż utworzą się wilgotne grudki. Jeśli ciasto jest suche, dodaj więcej wody łyżeczkami do herbaty.
c) Z ciasta uformuj kulę, spłaszcz ją w dysk, zawiń w folię i włóż do lodówki na 30 minut.

DO WYPEŁNIENIA:
d) Rozpuść masło na dużej patelni z powłoką nieprzywierającą na średnim ogniu.
e) Dodaj jabłka na patelnię i posyp je 3 łyżkami cukru.
f) Smażyć, aż jabłka staną się złote i zaczną mięknąć, około 8 minut.

g) Dodać suszone wiśnie i cynamon, mieszać przez 30 sekund, następnie zdjąć z ognia i pozostawić do całkowitego ostygnięcia.

DLA GALETKI:
h) Rozgrzej piekarnik do 350°F.
i) Rozwałkuj ciasto na posypanej mąką powierzchni na okrąg o średnicy 12 cali.
j) Przenieś ciasto na blachę do pieczenia bez krawędzi, używając jako pomocy dna formy do tarty o średnicy 9 cali.
k) Na cieście ułóż masę jabłkową, zostawiając 3-calowy margines. Złóż brzeg ciasta na masę jabłkową, ściskając, aby uszczelnić wszelkie pęknięcia w cieście.
l) Posyp pozostałą 1 łyżką cukru mieszankę jabłkową i brzeg ciasta.
m) Piec galette przez 15 minut. Zwiększ temperaturę piekarnika do 150°F i kontynuuj pieczenie, aż skórka będzie lekko złocista na brzegach, a jabłka będą miękkie, co zajmie około 35 minut.
n) Korzystając z dna formy do tarty, przenieś galette na kratkę i pozostaw do ostygnięcia na 15 minut.
o) Podawać na ciepło z crème fraîche i sosem karmelowym.

NA SOS KARMELOWY:
p) Wymieszaj cukier i ½ szklanki wody w dużym, ciężkim rondlu na średnim ogniu, aż cukier się rozpuści.
q) Zwiększ ogień i gotuj bez mieszania, aż syrop nabierze głęboko bursztynowego koloru, od czasu do czasu szczotkując boki patelni szczoteczką do ciasta zanurzoną w wodzie i kręcąc patelnią, około 12 minut.
r) Zdjąć z ognia, dodać masło i stopniowo dodawać śmietanę (mieszanina będzie energicznie bulgotać).
s) Mieszaj na małym ogniu, aż masa będzie gładka i ostudź do letniej temperatury przed podaniem.
t) Sos karmelowy można przygotować 2 dni wcześniej. Przykryj i ostudź.
u) Podgrzewaj na małym ogniu, od czasu do czasu mieszając.

17. Galette z jabłkami i serkiem śmietankowym, karmelem i migdałami

SKŁADNIKI:
- 2 jabłka
- 1 opakowanie ciasta filo
- 1 opakowanie serka śmietankowego
- 1 opakowanie płatków migdałowych
- ½ opakowania sosu karmelowego
- 1 łyżka brązowego cukru
- ¼ łyżeczki cynamonu
- 40 g masła

INSTRUKCJE:
a) Rozgrzej piekarnik do 220°C/200°C z termoobiegiem.
b) Pokrój jabłka w cienkie plasterki.
c) W średniej misce połącz jabłko, brązowy cukier i cynamon. Wrzucić do płaszcza.
d) W małej żaroodpornej misce roztapiaj masło w kuchence mikrofalowej w 10-sekundowych odstępach.
e) Każdy arkusz ciasta filo posmaruj roztopionym masłem.
f) Ułóż arkusze filo płasko na wyłożonej papierem blasze, układając je jeden na drugim.
g) Rozsmaruj na serku śmietankowym i ułóż plasterki jabłka, pozostawiając 4 cm margines wokół krawędzi.
h) Ostrożnie zawiń brzegi ciasta nad jabłkiem, pozostawiając odsłonięty środek.
i) Brzegi ciasta posmaruj pozostałym masłem.
j) Piec galette na najniższej półce piekarnika, aż ciasto będzie złote, 20-25 minut.
k) Na ostatnie 5 minut pieczenia posypujemy płatkami migdałów.
l) Galette polewamy sosem karmelowym według uznania.
m) Galette pokroić.
n) Przełożyć na talerz do serwowania.

18. Galette z mieszanką jagód i Earl Grey

SKŁADNIKI:
DO SKORUPY:
- 1 szklanka mieszanki mąki orzechowej Pamela's
- ½ szklanki uniwersalnej mąki do pieczenia Pamela's
- ½ szklanki mąki z tapioki
- 1 łyżka cukru pudru plus trochę do posypania ciasta
- ½ łyżeczki soli koszernej
- 8 łyżek bardzo zimnego masła, pokrojonego w kostkę
- 1 duże jajko

NA NADZIENIE MIESZANE JAGODY I EARL GREY:
- ¾ szklanki ricotty z pełnego mleka
- 1 łyżeczka skórki pomarańczowej
- ⅛ łyżeczki herbaty Earl Grey (rozetnij torebkę i wyjmij herbatę)
- 1 ½ szklanki pokrojonych truskawek
- ⅓ szklanki cukru
- 1 laska wanilii podzielona na pół, oskrobane nasiona lub 1 łyżka pasty waniliowej
- 1 czubata szklanka malin

DO MONTAŻU:
- 1 jajko
- 1 łyżka wody

SŁUŻYĆ:
- Cukier puder opcjonalnie
- Lody waniliowe opcjonalnie

INSTRUKCJE:
DO WYKONANIA SKÓRY:

a) Połącz pierwsze 6 składników w robocie kuchennym wyposażonym w ostrze „S". Mieszaj pulsacyjnie, aż masło połączy się z masłem i mieszanina stanie się ziarnista. Dodaj jajko do robota kuchennego i pulsuj, aż całkowicie się połączy. Sprawdź wilgotność ciasta, zbierając trochę i ściskając je razem. Jeżeli jest za suche, dodać łyżkę wody i ponownie zmiksować.

b) Umieść ciasto na plastikowej folii, uformuj je w okrągły dysk. Szczelnie zawiń i wstaw do lodówki na 1 godzinę lub maksymalnie na całą noc.

ABY WYKONAĆ NADZIENIE:

c) Jeśli ciasto było przechowywane w lodówce przez noc, pozwól, aby ciasto trochę się rozgrzało na blacie. W małej misce wymieszaj ricottę, skórkę pomarańczową i herbatę.

d) W drugiej misce połącz pokrojone truskawki, cukier i laskę wanilii; dobrze wymieszać.

ZŁÓŻ GALETĘ:

e) Rozgrzej piekarnik do 400 °F i wyłóż blachę do pieczenia pergaminem.

f) Rozwałkuj ciasto pomiędzy pergaminami na cienki okrąg. Na cieście rozsmaruj mieszankę ricotty, zostawiając brzeg. Na wierzch ułóż truskawki i maliny w cukrze.

g) Delikatnie złóż brzegi ciasta na nadzienie, tworząc skórkę. Brzegi posmarować rozmąconym jajkiem i posypać cukrem.

h) Włóż galette do zamrażalnika na 10-15 minut. Piec w temperaturze 400°F przez 10 minut, następnie zmniejszyć do 350°F i piec przez dodatkowe 25 minut, aż uzyska złoty kolor.

i) Pozwól galette ostygnąć przez 15-20 minut przed pokrojeniem.

j) Podawać na ciepło lub w temperaturze pokojowej, opcjonalnie posypane cukrem pudrem i z gałką lodów. Cieszyć się!

19. Galette malinowo-cytrynowa

SKŁADNIKI:
- 1 arkusz ciasta francuskiego kupionego w sklepie, rozmrożonego
- 1 szklanka świeżych malin
- Skórka z 1 cytryny
- 2 łyżki soku z cytryny
- 1/4 szklanki granulowanego cukru
- 1 łyżka skrobi kukurydzianej
- 1 roztrzepane jajko (do posmarowania jajek)
- Cukier puder do posypania (opcjonalnie)

INSTRUKCJE:
a) Rozgrzej piekarnik do 190°C i wyłóż blachę do pieczenia papierem pergaminowym.
b) W misce wymieszaj świeże maliny, skórkę z cytryny, sok z cytryny, cukier granulowany i skrobię kukurydzianą. Delikatnie mieszaj, aż maliny równomiernie się nimi pokryją.
c) Rozmrożony arkusz ciasta francuskiego rozwałkować na lekko posypanej mąką powierzchni na szorstki okrąg o średnicy około 12 cali.
d) Rozwałkowane ciasto francuskie przełożyć na przygotowaną blachę.
e) Nałóż masę malinową na środek ciasta francuskiego, pozostawiając około 2-calowe marginesy na krawędziach.
f) Złóż brzegi ciasta francuskiego na maliny, zakładając w razie potrzeby, aby uzyskać rustykalny kształt galette.
g) Brzegi ciasta posmaruj roztrzepanym jajkiem, aby po upieczeniu nabrało złotego koloru.
h) Piec w nagrzanym piekarniku przez 25-30 minut lub do momentu, aż ciasto będzie złotobrązowe, a maliny zaczną bulgotać.
i) Wyjmij z piekarnika i przed podaniem poczekaj, aż galette lekko ostygnie.
j) Opcjonalnie przed podaniem posypujemy cukrem pudrem.
k) Pokrój i ciesz się pyszną galette malinowo-cytrynową!

20. Galette z jagodami i lawendą

SKŁADNIKI:

- 1 arkusz ciasta francuskiego kupionego w sklepie, rozmrożonego
- 2 szklanki świeżych jagód
- 1 łyżka kulinarnych pąków lawendy
- Skórka z 1 cytryny
- 2 łyżki soku z cytryny
- 1/4 szklanki granulowanego cukru
- 1 łyżka skrobi kukurydzianej
- 1 roztrzepane jajko (do posmarowania jajek)
- Cukier puder do posypania (opcjonalnie)

INSTRUKCJE:

a) Rozgrzej piekarnik do 190°C i wyłóż blachę do pieczenia papierem pergaminowym.
b) W misce połącz świeże jagody, pąki lawendy kulinarnej, skórkę cytryny, sok z cytryny, cukier granulowany i skrobię kukurydzianą. Delikatnie mieszaj, aż jagody równomiernie się nimi pokryją.
c) Rozmrożony arkusz ciasta francuskiego rozwałkować na lekko posypanej mąką powierzchni na szorstki okrąg o średnicy około 12 cali.
d) Rozwałkowane ciasto francuskie przełożyć na przygotowaną blachę.
e) Nałóż masę jagodową na środek ciasta francuskiego, pozostawiając około 2-calowe marginesy na krawędziach.
f) Złóż brzegi ciasta francuskiego na jagody, zakładając w razie potrzeby, aby uzyskać rustykalny kształt galette.
g) Brzegi ciasta posmaruj roztrzepanym jajkiem, aby po upieczeniu nabrało złotego koloru.
h) Piec w nagrzanym piekarniku przez 25-30 minut lub do momentu, aż ciasto będzie złotobrązowe, a jagody zaczną bulgotać.
i) Wyjmij z piekarnika i przed podaniem poczekaj, aż galette lekko ostygnie.
j) Opcjonalnie przed podaniem posypujemy cukrem pudrem.

21. Galette Wiśniowo-Migdałowe

SKŁADNIKI:
- 1 arkusz ciasta francuskiego kupionego w sklepie, rozmrożonego
- 2 szklanki świeżych wiśni, wypestkowanych i przekrojonych na połówki
- 1/4 szklanki granulowanego cukru
- 1 łyżka skrobi kukurydzianej
- 1/2 łyżeczki ekstraktu migdałowego
- 1/4 szklanki mąki migdałowej
- 1 roztrzepane jajko (do posmarowania jajek)
- Migdały w plasterkach, do dekoracji (opcjonalnie)
- Cukier puder do posypania (opcjonalnie)

INSTRUKCJE:
a) Rozgrzej piekarnik do 190°C i wyłóż blachę do pieczenia papierem pergaminowym.
b) W misce wymieszaj świeże wiśnie, cukier granulowany, skrobię kukurydzianą i ekstrakt migdałowy. Delikatnie mieszaj, aż wiśnie równomiernie się nimi pokryją.
c) Rozmrożony arkusz ciasta francuskiego rozwałkować na lekko posypanej mąką powierzchni na szorstki okrąg o średnicy około 12 cali.
d) Rozwałkowane ciasto francuskie przełożyć na przygotowaną blachę.
e) Posyp równomiernie mąką migdałową środek ciasta francuskiego, pozostawiając około 2-calowe marginesy na krawędziach.
f) Ułóż masę wiśniową na warstwie mąki migdałowej.
g) Złóż brzegi ciasta francuskiego na wiśnie, zakładając w razie potrzeby, aby uzyskać rustykalny kształt galette.
h) Brzegi ciasta posmaruj roztrzepanym jajkiem, aby po upieczeniu nabrało złotego koloru. W razie potrzeby posyp odsłonięte wiśnie plasterkami migdałów.
i) Piec w nagrzanym piekarniku przez 25-30 minut lub do momentu, aż ciasto będzie złotobrązowe, a wiśnie zaczną bulgotać.
j) Wyjmij z piekarnika i przed podaniem poczekaj, aż galette lekko ostygnie.
k) Opcjonalnie przed podaniem posypujemy cukrem pudrem.
l) Pokrój i ciesz się pyszną galette wiśniowo-migdałową!

22. Galette z jeżynami i miętą

SKŁADNIKI:
- 1 arkusz ciasta francuskiego kupionego w sklepie, rozmrożonego
- 2 szklanki świeżych jeżyn
- 1/4 szklanki granulowanego cukru
- 1 łyżka skrobi kukurydzianej
- Skórka z 1 cytryny
- 2 łyżki posiekanych świeżych liści mięty
- 1 łyżka soku z cytryny
- 1 roztrzepane jajko (do posmarowania jajek)
- Cukier puder do posypania (opcjonalnie)

INSTRUKCJE:
a) Rozgrzej piekarnik do 190°C i wyłóż blachę do pieczenia papierem pergaminowym.
b) W misce wymieszaj świeże jeżyny, cukier granulowany, skrobię kukurydzianą, skórkę z cytryny, posiekane świeże liście mięty i sok z cytryny. Delikatnie mieszaj, aż jeżyny równomiernie się nimi pokryją.
c) Rozmrożony arkusz ciasta francuskiego rozwałkować na lekko posypanej mąką powierzchni na szorstki okrąg o średnicy około 12 cali.
d) Rozwałkowane ciasto francuskie przełożyć na przygotowaną blachę.
e) Nałóż masę jeżynową na środek ciasta francuskiego, pozostawiając około 2-calowe marginesy na krawędziach.
f) Złóż brzegi ciasta francuskiego na jeżyny, zakładając w razie potrzeby, aby uzyskać rustykalny kształt galette.
g) Brzegi ciasta posmaruj roztrzepanym jajkiem, aby po upieczeniu nabrało złotego koloru.
h) Piec w nagrzanym piekarniku przez 25-30 minut lub do momentu, aż ciasto będzie złotobrązowe, a jeżyny zaczną bulgotać.
i) Wyjmij z piekarnika i przed podaniem poczekaj, aż galette lekko ostygnie.
j) Opcjonalnie przed podaniem posypujemy cukrem pudrem.

GALETY WARZYWNE

23. Galette z dynią piżmową i jabłkami

SKŁADNIKI:
- 1 ½ szklanki mąki orkiszowej
- 6-8 liści szałwii
- ¼ szklanki zimnej wody
- 6 łyżek oleju kokosowego
- Sól morska

DO NAPEŁNIANIA:
- 1 łyżka oliwy z oliwek
- ¼ czerwonej cebuli, pokrojonej w cienkie plasterki
- 1 łyżka liści szałwii
- ½ czerwonego jabłka, bardzo drobno pokrojonego
- ¼ dyni piżmowej, pozbawionej skórki i bardzo drobno pokrojonej
- 1 łyżka oleju kokosowego, podzielona i zarezerwowana do posypania
- 2 łyżki szałwii, zarezerwowane do posypania
- Sól morska

INSTRUKCJE:

a) Rozgrzej piekarnik do 350° F.

b) Zrób spód, dodając mąkę, sól morską i liście szałwii do młynka. Stopniowo dodawaj olej kokosowy i wodę i regularnie mieszaj, aż składniki delikatnie połączą się z mąką. Impulsuj tylko tyle, aż komponenty się połączą, około 30 sekund.

c) W międzyczasie przygotuj nadzienie. Na małej patelni, na średnim ogniu, rozgrzej oliwę z oliwek. Dodaj cebulę, szczyptę soli i jedną łyżeczkę liści szałwii i smaż przez około 5 minut. Odłóż to na bok i rozwałkuj ciasto na okrąg o grubości około ¼ cala.

d) Wymieszaj dynię i jabłka w małej misce, skrop oliwą z oliwek i solą morską. Dodaj dynię piżmową i plasterki jabłka na cebulę (tak jak widać na obrazku).

e) Delikatnie złóż krawędzie ciasta na zewnętrznych stronach dyni. Połóż małe kawałki oleju kokosowego na wierzchu galette wraz z liśćmi szałwii i piecz w piekarniku przez 20-25 minut lub do momentu, aż skórka będzie łuszcząca się, a dynia będzie ugotowana.

24. Galettes z czerwonej papryki i pieczonych jajek

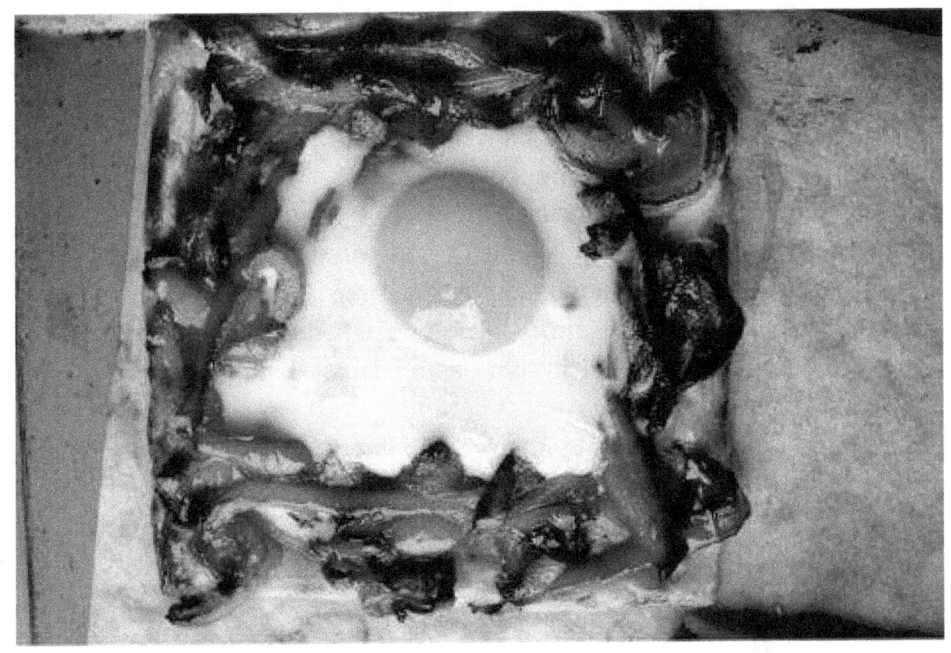

SKŁADNIKI:
- 4 średnie czerwone papryki, przekrojone na pół, pozbawione nasion i pokrojone w paski o szerokości 1 cm
- 3 małe cebule przekrojone na pół i pokrojone w kliny o szerokości 2 cm
- 4 gałązki tymianku, liście zebrane i posiekane
- 1 ½ łyżeczki mielonej kolendry
- 1 ½ łyżeczki mielonego kminku
- 6 łyżek oliwy z oliwek plus trochę do wykończenia
- 1 ½ łyżki liści pietruszki płaskolistnej, grubo posiekanych
- 1 ½ łyżki liści kolendry, grubo posiekanych
- 250 g najwyższej jakości ciasta francuskiego z masłem
- 2 łyżki / 30 g kwaśnej śmietany
- 4 duże jajka z wolnego wybiegu (lub 160 g sera feta, pokruszonego) plus 1 lekko ubite jajko
- sól i świeżo zmielony czarny pieprz

INSTRUKCJE:

a) Rozgrzej piekarnik do 210°C/400°F. W dużej misce wymieszaj paprykę, cebulę, liście tymianku, mielone przyprawy, oliwę z oliwek i dużą szczyptę soli. Rozłóż na blaszce do pieczenia i piecz przez 35 minut, mieszając kilka razy w trakcie gotowania. Warzywa powinny być miękkie i słodkie, ale nie zbyt chrupiące ani brązowe, ponieważ będą się dalej gotować. Wyjmij z piekarnika i wymieszaj z połową świeżych ziół. Dopraw do smaku i odłóż na bok. Rozgrzej piekarnik do 220°C.

b) Na lekko posypanej mąką powierzchni rozwałkuj ciasto francuskie na kwadrat o boku 30 cm i grubości około 3 mm i pokrój na cztery kwadraty o średnicy 15 cm. Nakłuj kwadraty widelcem i ułóż je w odpowiednich odstępach na blasze wyłożonej papierem do pieczenia. Odstawić do lodówki na co najmniej 30 minut.

c) Wyjmij ciasto z lodówki i posmaruj wierzch i boki roztrzepanym jajkiem. Używając szpatułki lub tylnej części łyżki, rozprowadź 1½ łyżeczki kwaśnej śmietany na każdym kwadracie, pozostawiając margines o szerokości 0,5 cm wokół krawędzi. Ułóż 3 łyżki mieszanki pieprzowej na wierzchu kwadratów pokrytych kwaśną śmietaną, pozostawiając brzegi wolne do wyrośnięcia. Należy go rozsmarować dość równomiernie, ale pozostawić pośrodku płytkie wgłębienie, w którym później zmieści się jajko.

d) Piec galettes przez 14 minut. Wyjmij blachę do pieczenia z piekarnika i ostrożnie wbij całe jajko w zagłębienie pośrodku każdego ciasta. Wróć do piekarnika i piecz przez kolejne 7 minut, aż jajka się zetną. Posyp czarnym pieprzem i pozostałymi ziołami i skrop oliwą. Podawać na raz.

25. Galettes ze szparagami, prosciutto i kozim serem

SKŁADNIKI:
- 2 średnie cebule, posiekane
- 1 łyżka oliwy z oliwek
- 1 łyżka niesolonego masła
- ½ funta cienkich szparagów (około 15 włóczni o grubości od ¼ do ½ cala), przyciętych
- 2 krążki Galette (przepis poniżej), upieczone
- ¼ funta prosciutto pokrojonego w cienkie plasterki, pokrojonego w poprzek na cienkie plasterki
- ⅓ szklanki miękkiego, łagodnego sera koziego (około 4 uncji) o temperaturze pokojowej
- ¼ szklanki mleka
- ¾ kostki (6 łyżek stołowych) niesolonego masła, roztopionego i ostudzonego
- 3 duże żółtka
- 1 duże całe jajko
- 2 filiżanki mąki uniwersalnej
- 1¾ łyżeczki soli
- 3 łyżki posiekanego świeżego szczypiorku

INSTRUKCJE:
a) Na patelni smaż cebulę na oleju i maśle z solą i pieprzem do smaku na umiarkowanie małym ogniu przez 15 minut lub do złotego koloru. Cebulę przełożyć do miski, aby ostygła.
b) Przygotuj dużą miskę z lodem i zimną wodą. Szparagi pokroić w poprzek na półcalowe kawałki i gotować w dużym rondlu z wrzącą, osoloną wodą przez 3 do 5 minut lub do momentu, aż będą miękkie. Odcedź szparagi na durszlaku i przełóż je do miski z lodem i zimną wodą, aby zatrzymać gotowanie. Wyjmij szparagi z wody i osusz.
c) Rozgrzej piekarnik do 400°F.
d) Rozłóż cebulę równomiernie na krążkach galette i posyp prosciutto, szparagami i kozim serem. Piec galettes na blasze do pieczenia umieszczonej pośrodku piekarnika przez około 15 minut lub do momentu, aż wierzch lekko się zarumieni . Galettes przełożyć na kratkę i pozostawić do ostygnięcia.

e) Podawać galettes pokrojone w ćwiartki, w temperaturze pokojowej.

GALETTE RUNDY:
f) W misce wymieszaj mleko, masło, żółtka i całe jajko. W drugiej misce wymieszaj mąkę, sól i szczypiorek i dodaj do mieszanki mlecznej, aż składniki się połączą.
g) Na lekko oprószonej mąką powierzchni rękami posypanymi mąką zagniataj ciasto około 8 razy lub do momentu, aż będzie gładkie. Ciasto zawinąć w folię spożywczą i schłodzić przez godzinę.
h) Rozgrzej piekarnik do 450°F.
i) Ciasto podzielić na 4 części. Na lekko posypanej mąką powierzchni za pomocą posypanego mąką wałka do ciasta rozwałkuj każdy kawałek na 8-calowy okrąg. Przenieś rundy na 2 blachy do pieczenia i dekoracyjnie zaciśnij krawędzie. Schładzaj ciasto przez 10 minut i piecz w środkowej i dolnej części piekarnika przez około 5 minut lub do złotego koloru. Galettes przełożyć na kratkę i pozostawić do całkowitego ostygnięcia. Galety można przygotować 1 dzień wcześniej i przechowywać w zamykanej plastikowej torbie w temperaturze pokojowej.

26. Galette z Bakłażana i Pomidorów

SKŁADNIKI:
- 17¼ uncji mrożonego ciasta francuskiego
- 2 bakłażany
- Sól
- 5 pomidorów śliwkowych
- 15 uncji sera ricotta
- 2 łyżeczki czosnku
- 6 łyżek bazylii
- 2 łyżeczki rozmarynu
- 1 łyżka oregano
- ¼ łyżeczki zmielonych płatków czerwonej papryki
- Czarny pieprz
- 12 uncji sera mozzarella
- 2 łyżki oliwy z oliwek
- ½ szklanki parmezanu
- Liście bazylii do dekoracji

INSTRUKCJE:
a) Połóż arkusz ciasta francuskiego na posypanej mąką powierzchni roboczej i rozwałkuj go na kwadrat o boku 14 cali. Przenieś na dużą blachę do pieczenia bez brzegów. Za pomocą pędzla do ciasta zamoczonego w wodzie posmaruj 1-calową krawędź wzdłuż wszystkich boków kwadratu. Zwiń krawędzie ciasta na grubość 1 cala i ściśnij, aby utworzyć stojący brzeg o wysokości około ½ cala. W każdym z rogów będzie trochę nadmiaru ciasta; wcisnąć w kształt kuli. Za pomocą grzbietu noża wykonaj wzór na krawędzi. Powtórz z drugim arkuszem. Schładzaj do twardości, około 30 minut. Można to przygotować nawet dzień wcześniej. Przykryj szczelnie plastikową folią i przechowuj w lodówce.

b) Połóż plasterki bakłażana na blasze do pieczenia i obficie posyp solą. Pozwól im stać przez 30 minut. Umieścić na durszlaku i opłukać pod zimną bieżącą wodą. Odcedź i osusz. Połóż plasterki pomidora na ręcznikach papierowych, aby je odsączyć.

c) Wymieszaj ricottę, czosnek, zioła, płatki czerwonej papryki, ¼ łyżeczki soli i czarny pieprz do smaku. Na każdej skorupie ciasta rozsmaruj połowę mieszanki serowej.

d) Posypać serem mozzarella. Można to przygotować 4 do 5 godzin wcześniej. Przykryj i przechowuj w lodówce.
e) Rozgrzej piekarnik do 425°F. Na każdym kwadracie ciasta francuskiego ułóż lekko nachodzące na siebie plasterki bakłażana, a następnie ułóż na nich lekko nachodzące na siebie plasterki pomidora. Każdą galette skrop około 1-2 łyżkami oliwy z oliwek i posyp parmezanem.
f) Piec w dolnej części piekarnika, aż skórka będzie ciemnozłota, a warzywa miękkie, około 40 minut. Wyjąć na kratkę do studzenia na 2-3 minuty. Udekoruj listkami bazylii. Każdą galette pokroić na 16 kwadratów i podawać na ciepło.

27. Galettes Ziemniaczano-Porowe

SKŁADNIKI:
- 500 gramów porów pokrojonych w julienne
- 1 łyżka margaryny lub masła
- 2 łyżki wody
- 500 g ugotowanych ziemniaków (obgotowanych dzień wcześniej w skórkach), obranych i startych
- 2 jajka
- ¾ łyżeczki soli
- 1 szczypta gałki muszkatołowej
- pieprz do smaku
- Olej lub masło do smażenia

INSTRUKCJE:
a) Na głębokiej patelni rozgrzej margarynę lub masło i dodaj pokrojony w julienne por. Dodać wodę i gotować na parze, aż pory będą miękkie.
b) W misce wymieszaj starte ziemniaki, jajka, sól, pieprz i gałkę muszkatołową.
c) Dodaj ugotowane na parze pory do mieszanki ziemniaczanej. Nabieraj pojedynczo dużą łyżką mieszanki i spłaszczaj ją na patelni, tworząc małe okrągłe galettes (mniej więcej wielkości i kształtu burgera).
d) Smaż galettes, aż uzyskają złocisty kolor z każdej strony.
e) Podawaj galettes z porami z sałatką sezonową, aby uzyskać wspaniały posiłek.

28. Boćwina szwajcarska Galette z Fetą i Orzeszkami pinii

SKŁADNIKI:
- ¼ szklanki porzeczek
- 1 cebula, pokrojona w kostkę
- 2 ząbki czosnku, posiekane
- 1 duży pęczek boćwiny lub szpinaku
- ½ szklanki fety
- 2 łyżki orzeszków piniowych (lub posiekanych migdałów lub orzechów włoskich)
- Sól morska i pieprz
- 2 roztrzepane jajka (1 łyżka zarezerwowana)
- Ciasto

INSTRUKCJE:
ABY PRZYGOTOWAĆ NADZIENIE:
a) Usuń łodygi z warzyw. Łodygi posiekaj jak seler. Grubo posiekaj liście.
b) Na dużej patelni, na średnim ogniu, podsmaż cebulę na oliwie z oliwek, aż będzie miękka.
c) Dodaj czosnek i posiekane łodygi i smaż 2-3 minuty.
d) Dodaj posiekane warzywa i dobrze wymieszaj. Gotuj do miękkości (około 5 minut).
e) Wyciśnij nadmiar wilgoci grzbietem drewnianej łyżki. Doprawić solą i pieprzem. Przełóż mieszaninę do miski, dodaj porzeczki i orzechy. Dodaj fetę i jajka tuż przed nałożeniem ich na przygotowane ciasto.

ABY ZŁOŻYĆ GALETĘ:
f) Rozgrzej piekarnik do 375 F
g) Na lekko posypanej mąką powierzchni rozwałkuj ciasto na gruby okrąg o grubości około ¼ cala. Przełożyć na blachę wyłożoną pergaminem (najlepiej jednostronną, gdyby galette przeciekała).
h) Nałóż nadzienie na ciasto, pozostawiając 2-3-calowe brzegi. Delikatnie złóż brzeg nad nadzieniem, w razie potrzeby nakładając na ciasto.
i) Posmaruj wierzch ciasta zarezerwowanym jajkiem.
j) Piec od 45 minut do godziny, aż ciasto będzie miało złocisty kolor, a nadzienie będzie twarde. Jeśli ciasto za bardzo się rumieni, przykryj je luźno folią na ostatnie 15 minut . Przed krojeniem ostudź przez 10 minut.
k) Podawać na ciepło lub w temperaturze pokojowej.

29. Galette z grzybami i selerem z sosem grzybowym

SKŁADNIKI:
DO WYPEŁNIENIA:
- 1 mały korzeń selera (¾ funta)
- 2 średnie pory
- 1 funt białych grzybów
- 3 łyżki oliwy z oliwek
- 1 duża cebula, drobno posiekana
- 1 cytryna przekrojona na pół
- ½ łyżeczki suszonego estragonu
- Sól i świeżo zmielony pieprz do smaku
- 2 średnie ząbki czosnku, posiekane
- ¼ szklanki świeżej natki pietruszki, posiekanej, plus trochę do dekoracji

NA SOS GRZYBOWY:
- ½ szklanki creme fraiche lub kwaśnej śmietany
- 2 łyżki świeżo startego parmezanu lub sera Asiago
- Sos grzybowy

NA SOS GRZYBOWY:
- Grzyby wynikają z białych grzybów
- Ozdoby z korzenia selera
- Porowe ozdoby
- 2 łyżki oliwy z oliwek
- 1 mała cebula, posiekana
- 1 ząbek czosnku, posiekany
- 1 szklanka bulionu z kurczaka lub warzyw
- ½ szklanki białego wina
- Sól i pieprz do smaku

NA CIASTO:
- Ciasto drożdżowe lub ciasto na ciasto

DODATKOWY:
- 1 duże jajko, ubite

INSTRUKCJE:
NA SOS GRZYBOWY:

a) Na dużej, niereaktywnej patelni rozgrzej 2 łyżki oliwy z oliwek na małym ogniu.
b) Za pomocą łyżki cedzakowej przenieś pokrojony w kostkę korzeń selera na patelnię. Dodać posiekany por i cebulę.
c) Warzywa wyciśnij z połowy cytryny, dodaj estragon i gotuj, aż płyn odparuje, a warzywa będą miękkie i zaczną się rumienić (około 12 minut). Doprawić solą i pieprzem.
d) Przenieść mieszaninę do niereaktywnej miski.
e) Na tej samej patelni rozgrzej na dużym ogniu pozostałą 1 łyżkę oleju. Mieszaj, aż grzyby pokryją się olejem, a następnie wyciśnij na nie pozostałą połówkę cytryny. Smaż, aż grzyby zaczną się zmieniać (około 2 minut).
f) Dopraw natką pietruszki, solą i pieprzem. Zdjąć z ognia i wymieszać z mieszanką korzenia selera. Dodać ½ szklanki przygotowanego sosu grzybowego, creme fraiche i parmezan.

DLA GALETKI:
g) Rozgrzej piekarnik do 375 stopni.
h) Na lekko posypanej mąką blasze do pieczenia bez boków rozwałkuj ciasto galette na okrąg o średnicy 14 cali. (Alternatywnie podziel ciasto na 4 równe części i rozwałkuj je na 8-calowe krążki.)
i) Rozsmaruj nadzienie na cieście, pozostawiając 2-centymetrowy margines. Złożyć i zagiąć brzeg ciasta.
j) Posmaruj ciasto rozmąconym jajkiem.
k) Piecz galette na złoty kolor, około 30 minut w przypadku ciasta drożdżowego i 40 minut w przypadku ciasta na ciasto.

DO SERWOWANIA:
l) Wlać ¼ szklanki sosu grzybowego na wierzch galette.
m) Udekoruj posiekaną natką pietruszki.
n) Galette pokroić w ćwiartki i posmarować każdą porcją sosu.

NA SOS GRZYBOWY:
o) W dużym rondlu rozgrzać 2 łyżki oliwy z oliwek.
p) Dodać łodygi grzybów, kawałki korzenia selera, kawałki pora, cebulę i czosnek. Smażyć, aż warzywa zmiękną.

q) Wlać bulion drobiowy lub warzywny i białe wino. Doprawić solą i pieprzem.
r) Gotuj mieszaninę przez około 20 minut, następnie odcedź, odrzucając substancje stałe.
s) Przelej płyn z powrotem do rondla i gotuj na wolnym ogniu, aż zredukuje się i zgęstnieje.
t) W razie potrzeby dostosuj przyprawę.
u) Użyj tego sosu grzybowego do nadzienia galette zgodnie z powyższymi wskazówkami.

30. Galette Ziemniaczano-Grzybowa

SKŁADNIKI:
- 1 funt różnych leśnych grzybów
- 1 ½ łyżki masła
- 2 ½ łyżki oleju rzepakowego
- Sól dla smaku
- ½ łyżeczki pieprzu
- 2,5 funta ziemniaków uniwersalnych
- 1 ½ łyżki oliwy z oliwek z pierwszego tłoczenia

INSTRUKCJE:

a) Grzyby dokładnie opłucz w chłodnej wodzie. Wyjmij grzyby z wody i dobrze je odsącz. Pieczarki pokroić w plastry o grubości ¼ cala.

b) Na dużej patelni z powłoką nieprzywierającą rozpuść masło w 1 łyżce oleju rzepakowego. Dodać grzyby, ½ łyżeczki soli i pieprzu. Gotuj na dużym ogniu, od czasu do czasu mieszając, aż płyn odparuje, a grzyby zaczną się rumienić (około 10 minut). Przełożyć do miski. Wytrzyj patelnię.

c) Obierz ziemniaki i posiekaj je w robocie kuchennym lub na tarce pudełkowej. Opłucz paski ziemniaków i osusz je.

d) Na patelni rozgrzej oliwę z oliwek i pozostałe 1,5 łyżki oleju rzepakowego. Dodać ziemniaki i ½ łyżeczki soli. Wymieszaj i smaż na dużym ogniu, aż lekko się zarumieni (około 5 minut). Przełóż jedną trzecią ziemniaków do miski.

e) Dociśnij pozostałe ziemniaki na patelni, aby utworzyć cienkie, twarde „łóżko".

f) Rozłóż grzyby na łożu ziemniaczanym, a następnie rozłóż na wierzch zarezerwowane ziemniaki, tak aby przykryły większość grzybów. Lekko dociśnij, aby galette ubić.

g) Przykryj i smaż galette na umiarkowanym ogniu, od czasu do czasu potrząsając patelnią, aż spód się zarumieni (około 10 minut).

h) Zdejmij z ognia i odstaw na 5 minut. Odwróć galette na okrągły talerz, pokrój ją w kliny i podawaj.

31. Galette ze słodkich ziemniaków

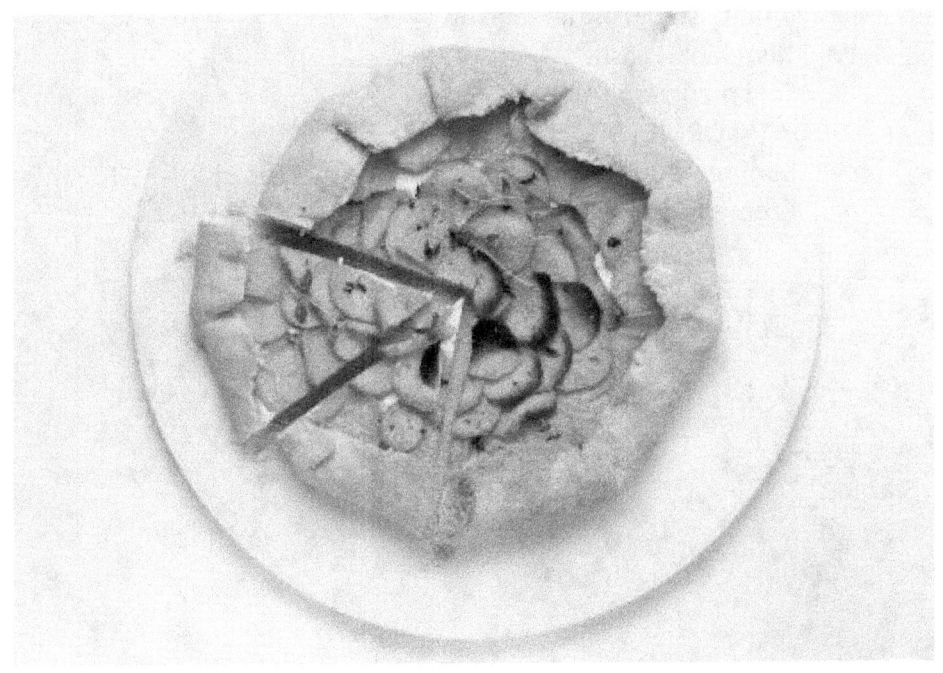

SKŁADNIKI:
- 2 funty ziemniaków Yukon Gold lub Yellow Finn
- 4 funty słodkich ziemniaków
- ¾ szklanki masła
- Sól i pieprz do smaku

DODATKI OPCJONALNE:
- Kompot jabłkowo-koperkowy (zobacz przepis)
- Creme fraiche

INSTRUKCJE:
a) Obierz żółte ziemniaki i słodkie ziemniaki, a następnie pokrój je w cienkie plasterki o grubości około 1/16 cala.
b) Plasterki żółtych ziemniaków zalewamy zimną wodą do momentu użycia, aby zapobiec brązowieniu.
c) Na 12-calowej patelni rozpuść 5 łyżek masła i zdejmij z ognia.
d) Na osobnej patelni rozpuść pozostałe masło.
e) Ułóż pojedynczą warstwę plasterków słodkich ziemniaków na roztopionym maśle na patelni. Użyj najbardziej jednolitych plasterków na dolną warstwę.
f) Zacznij od środka patelni i twórz nakładające się, koncentryczne okręgi, zmieniając kierunek każdego okręgu, aż do pokrycia dna patelni.
g) Posmaruj tę warstwę dodatkowo roztopionym masłem i obficie posyp solą i pieprzem.
h) Powtórzyć proces z warstwą żółtych ziemniaków, posmarować roztopionym masłem i doprawić solą i pieprzem.
i) Kontynuuj układanie naprzemiennych warstw słodkich ziemniaków i żółtych ziemniaków, aż patelnia będzie pełna.
j) Umieść patelnię ziemniaczaną na średnim ogniu i gotuj, aż zacznie skwierczeć. Kontynuuj gotowanie przez kolejne 5 minut, od czasu do czasu potrząsając patelnią, aby zapobiec przywieraniu.
k) Przykryj ziemniaki folią i piecz w temperaturze 450 stopni Fahrenheita, aż ziemniaki będą ugotowane, około 30 minut. Sprawdź gotowość za pomocą szpikulca lub noża do obierania.
l) Zdejmij folię i za pomocą szpatułki dociśnij ziemniaki, zagęszczając warstwy. Piec bez przykrycia przez dodatkowe 10 minut.
m) Wyjmij z piekarnika i ostrożnie zlej nadmiar masła z patelni.
n) Połóż duży talerz lub półmisek na patelni i odwróć go do góry nogami, zastępując wszystkie plasterki, które mogą spaść.
o) Galette pokroić w ćwiartki i podawać. Opcjonalnie można podać kompot jabłkowo-koperkowy i creme fraiche.

32. Galette z pomidorami i karmelizowaną cebulą

SKŁADNIKI:

- 2 ½ funta żółtej cebuli, grubo posiekanej
- 6 gałązek świeżego tymianku LUB 2 szczypty suszonego tymianku
- ¼ szklanki oliwy z oliwek
- Sól i świeżo zmielony pieprz
- 1 łyżka świeżego rozmarynu, posiekanego LUB 1 łyżeczka suszonego rozmarynu
- Ciasto drożdżowe lub ciasto na ciasto
- 3 uncje sera Gorgonzola
- 1 duże pomidory koktajlowe lub pomidory śliwkowe, pokrojone w poprzek o grubości ⅓ cala
- 1 duże jajko, ubite

INSTRUKCJE:

a) W dużym, ciężkim, niereaktywnym rondlu podsmaż cebulę i tymianek na umiarkowanym ogniu, mieszając raz lub dwa razy, aż cebula zacznie się złocić, około 15 minut.
b) Dodaj 3 łyżki oleju, przykryj i smaż na małym ogniu, zdrapując patelnię co 10 minut, aż cebula się zrumieni, około 1 godziny.
c) Doprawić solą i pieprzem oraz 2 łyżeczkami świeżego rozmarynu (lub całego suszonego rozmarynu). Zostaw do schłodzenia.
d) Rozgrzej piekarnik do 400 stopni.
e) Na lekko posypanej mąką blasze do pieczenia bez boków rozwałkuj ciasto galette na okrąg o średnicy 14 cali. (Alternatywnie podziel ciasto na 4 równe części i rozwałkuj je na 8-calowe krążki.)
f) Rozłóż karmelizowane nadzienie cebulowe na cieście, pozostawiając 2-calowe brzegi.
g) Na wierzch pokruszyć ser Gorgonzola i nałożyć na siebie plasterki pomidora, tworząc pierścień.
h) Dopraw solą i pieprzem, a na wierzch skrop pozostałą 1 łyżką oliwy.
i) Złożyć i zagiąć brzeg ciasta. Posmaruj ciasto rozmąconym jajkiem.
j) Piecz galette, aż skórka będzie złocista, około 20 minut w przypadku ciasta drożdżowego i 35 minut w przypadku ciasta na ciasto.
k) Posyp pozostałą 1 łyżeczką świeżego rozmarynu na wierzchu i podawaj galette na gorąco lub na ciepło.

33. Galette Kukurydziana Z Cukinią I Kozim Serem

SKŁADNIKI:

DO WYPEŁNIENIA:
- 1 łyżka oliwy z oliwek
- 1 średnia szalotka, posiekana
- 1 średnia cukinia, pokrojona w ¼-calową kostkę
- ¼ łyżeczki soli koszernej i więcej w razie potrzeby
- Świeżo zmielony czarny pieprz
- 2 szklanki świeżych ziaren kukurydzy (od około 3 do 4 kłosów)
- 2 łyżeczki świeżych liści tymianku
- 3 uncje świeżego koziego sera, pokruszonego (około ¾ szklanki)

ZŁOŻYĆ:
- Mąka uniwersalna, do podsypywania
- 1 zakupiony spód ciasta (około 7,5 uncji), rozmrożony, jeśli został zamrożony
- 1 łyżeczka musztardy Dijon

INSTRUKCJE:

WYKONAJ NADZIENIE:
a) Rozgrzej olej na dużej patelni na średnim ogniu, aż zacznie lśnić.
b) Dodaj szalotkę i smaż, aż zacznie mięknąć, około 2 minut.
c) Dodać cukinię, ¼ łyżeczki soli i doprawić pieprzem. Gotuj, aż warzywa będą miękkie, 4 do 5 minut.
d) Zdjąć z ognia i wymieszać z ziarnami kukurydzy i liśćmi tymianku.
e) Przenieść mieszaninę do miski i pozostawić do ostygnięcia do temperatury pokojowej.
f) Ułóż stojak na środku piekarnika i rozgrzej do 400°F. Blachę do pieczenia wyłóż papierem pergaminowym.
g) Gdy masa ostygnie, dodać kozi ser i wymieszać do połączenia. W razie potrzeby dopraw większą ilością soli i pieprzu.

ZŁÓŻ GALETĘ:
h) Połóż spód ciasta na lekko posypanej mąką powierzchni roboczej.
i) Za pomocą wałka do ciasta rozwałkuj ciasto na okrągły placek o średnicy około 12 cali.
j) Zaczynając od jednego końca ciasta, luźno zwiń ciasto wokół wałka.

k) Przełożyć na przygotowaną blachę do pieczenia i ponownie rozwałkować ciasto na płasko.
l) Rozsmaruj musztardę na cieście, pozostawiając około 1 ½ do 2 cali marginesu.
m) Nadzienie równomiernie rozsmaruj na musztardzie.
n) Delikatnie złóż krawędzie ciasta na nadzieniu, przykrywając około 1 ½ do 2 cali nadzienia i zakładając ciasto co 2 cale w miarę upływu czasu.
o) Piec, aż skórka stanie się złotobrązowa, od 30 do 40 minut.
p) Pozwól galette ostygnąć przez co najmniej 5 do 10 minut przed pocięciem na kawałki i podaniem.

34. Serowe salami i galette pomidorowa

SKŁADNIKI:
- 130 g masła
- 300 g mąki
- 1 łyżeczka soli
- 1 jajko
- 80 ml mleka
- ½ łyżeczki octu

POŻYWNY:
- 1 pomidor
- 1 słodka papryka
- cukinia
- salami
- ser Mozzarella
- 1 łyżka oliwy z oliwek
- zioła (takie jak tymianek, bazylia, szpinak)

INSTRUKCJE:
a) Pokrój masło w kostkę.
b) W misce lub na patelni wymieszaj olej, mąkę i sól i posiekaj nożem.
c) Włóż jajko, trochę octu i trochę mleka.
d) Rozpocznij wyrabianie ciasta. Po zwinięciu w kulkę i owinięciu w folię spożywczą należy przechowywać w lodówce przez pół godziny.
e) Pokrój wszystkie składniki nadzienia .
f) Umieść nadzienie na środku dużego koła ciasta rozwałkowanego na pergaminie do pieczenia (z wyjątkiem mozzarelli).
g) Skropić oliwą z oliwek i doprawić solą i pieprzem.
h) Następnie ostrożnie podnieś brzegi ciasta, owiń je wokół zachodzących na siebie części i lekko dociśnij.
i) Rozgrzej piekarnik do 200°C i piecz przez 35 minut. Na dziesięć minut przed końcem pieczenia dodaj mozzarellę i kontynuuj pieczenie.
j) Natychmiast podawaj!

35. Galette z pomidorami, pesto i kozim serem

SKŁADNIKI:

- 8½ uncji ciasta francuskiego
- ⅓ szklanki pesto
- 2 łyżki parmezanu; plus 1 łyżeczka
- 3 średnie Dojrzałe pomidory
- 4 uncje schłodzonego sera koziego, pokruszonego i schłodzonego
- ½ szklanki oliwek nicejskich ; dziobaty
- Świeżo zmielony czarny pieprz
- 1 łyżka oliwy z oliwek Extra Virgin
- 3 świeże liście bazylii; rozdrobnione (do 4 łyżek stołowych)

INSTRUKCJE:

a) Przygotuj ciasto: będziesz potrzebować formy do tarty o średnicy 10 lub 11 cali. Rozmrażaj arkusz ciasta francuskiego przez 30 minut. Rozgrzej piekarnik do 400 stopni.

b) Rozłóż ciasto i rozwałkuj na kwadrat o boku 14 cali lub o 4 cale większy niż forma do tarty. Wytnij okrąg o 2 cale większy niż patelnia, używając dna patelni jako prowadnicy.

c) Włóż ciasto do formy do tarty, złóż je na około 1 cal, aby utworzyć brzeg. Nakłuj spód i boki ciasta widelcem w odstępach 1-calowych. Piec przez 15 minut lub do momentu jasnozłotego koloru.

d) Złożenie tarty: Na cieście rozsmaruj pesto. Posyp pesto 2 łyżkami parmezanu.

e) Pomidory oczyścić, usunąć gniazda nasienne i pokroić w centymetrowe plasterki. Ułóż plasterki pomidora w koncentryczne okręgi, zaczynając od zewnętrznej krawędzi ciasta.

f) Pokruszyć kozi ser na pomidorach. Rozłóż oliwki na wierzchu, a następnie posyp pozostałą 1 łyżeczką parmezanu. Z wierzchu zmiel czarny pieprz i skrop oliwą z oliwek.

g) Piecz tartę przez 15 minut lub do momentu, aż kozi ser zacznie się topić. Jeśli felga stanie się zbyt brązowa, przykryj ją paskami folii aluminiowej.

h) Tuż przed podaniem udekoruj wierzch tarty posiekaną bazylią.

i) Tartę można podawać na ciepło lub w temperaturze pokojowej.

36. Galette ze szpinakiem i ricottą

SKŁADNIKI:
- 1 arkusz ciasta francuskiego kupionego w sklepie, rozmrożonego
- 2 szklanki świeżego szpinaku, posiekanego
- 1 szklanka sera ricotta
- 1/4 szklanki startego parmezanu
- 1 ząbek czosnku, posiekany
- Sól i pieprz do smaku
- 1 roztrzepane jajko (do posmarowania jajek)

INSTRUKCJE:
a) Rozgrzej piekarnik do 190°C i wyłóż blachę do pieczenia papierem pergaminowym.
b) W misce wymieszaj posiekany szpinak, ser ricotta, parmezan, przeciśnięty przez praskę czosnek, sól i pieprz.
c) Rozwałkuj arkusz ciasta francuskiego na lekko posypanej mąką powierzchni na szorstki okrąg o średnicy około 12 cali.
d) Rozłóż równomiernie mieszankę szpinaku i ricotty na cieście francuskim, pozostawiając około 2-calowe brzegi wokół krawędzi.
e) Złóż brzegi ciasta francuskiego na masę szpinakową, zakładając w razie potrzeby, aby uzyskać rustykalny kształt galette.
f) Brzegi ciasta posmaruj roztrzepanym jajkiem.
g) Piec w nagrzanym piekarniku przez 25-30 minut lub do momentu, aż ciasto będzie złotobrązowe, a nadzienie stwardnieje.
h) Przed podaniem lekko ostudź.

37. Galette z brokułami i serem Cheddar

SKŁADNIKI:

- 1 arkusz ciasta francuskiego kupionego w sklepie, rozmrożonego
- 2 szklanki różyczek brokułów, blanszowanych i posiekanych
- 1 szklanka startego sera cheddar
- 1/4 szklanki startego parmezanu
- Sól i pieprz do smaku
- 1 roztrzepane jajko (do posmarowania jajek)

INSTRUKCJE:

a) Rozgrzej piekarnik do 190°C i wyłóż blachę do pieczenia papierem pergaminowym.
b) W misce wymieszaj posiekane brokuły, starty ser cheddar, parmezan, sól i pieprz.
c) Rozwałkuj arkusz ciasta francuskiego na lekko posypanej mąką powierzchni na szorstki okrąg o średnicy około 12 cali.
d) Rozłóż równomiernie mieszankę brokułów i sera na cieście francuskim, pozostawiając około 2-calowe brzegi wokół krawędzi.
e) Złóż brzegi ciasta francuskiego na mieszankę brokułów, zakładając w razie potrzeby.
f) Brzegi ciasta posmaruj roztrzepanym jajkiem.
g) Piec przez 25-30 minut lub do momentu, aż ciasto będzie złocistobrązowe, a nadzienie będzie musujące.
h) Przed podaniem lekko ostudź.

38.Galette z Cukinii i Ricotty z Pesto Bazyliowym

SKŁADNIKI:
- 1 arkusz ciasta francuskiego kupionego w sklepie, rozmrożonego
- 2 małe cukinie, pokrojone w cienkie plasterki
- 1/2 szklanki sera ricotta
- 2 łyżki pesto bazyliowego
- Sól i pieprz do smaku
- 1 roztrzepane jajko (do posmarowania jajek)
- Świeże liście bazylii do dekoracji (opcjonalnie)

INSTRUKCJE:
a) Rozgrzej piekarnik do 190°C i wyłóż blachę do pieczenia papierem pergaminowym.
b) W misce wymieszaj ser ricotta i pesto bazyliowe. Dopraw solą i pieprzem do smaku.
c) Rozwałkuj arkusz ciasta francuskiego na lekko posypanej mąką powierzchni na szorstki okrąg o średnicy około 12 cali.
d) Rozłóż równomiernie mieszaninę ricotty i pesto na cieście francuskim, pozostawiając około 2-calowe brzegi wokół krawędzi.
e) Na wierzchu mieszanki ricotty ułóż pokrojoną w plasterki cukinię.
f) Złóż brzegi ciasta francuskiego na cukinię i ricottę, zakładając w razie potrzeby.
g) Brzegi ciasta posmaruj roztrzepanym jajkiem.
h) Piecz przez 25-30 minut lub do momentu, aż ciasto będzie złotobrązowe, a cukinia miękka.
i) Przed podaniem lekko ostudź. W razie potrzeby udekoruj listkami świeżej bazylii.

39. Galette z karmelizowaną cebulą i szpinakiem

SKŁADNIKI:

- 1 arkusz ciasta francuskiego kupionego w sklepie, rozmrożonego
- 2 duże cebule, pokrojone w cienkie plasterki
- 2 łyżki oliwy z oliwek
- 2 szklanki świeżych liści szpinaku
- 1/4 szklanki startego parmezanu
- Sól i pieprz do smaku
- 1 roztrzepane jajko (do posmarowania jajek)

INSTRUKCJE:

a) Rozgrzej piekarnik do 190°C i wyłóż blachę do pieczenia papierem pergaminowym.
b) Na dużej patelni rozgrzej oliwę z oliwek na średnim ogniu. Dodaj pokrojoną w plasterki cebulę i smaż, mieszając od czasu do czasu, aż do karmelizacji, około 20-25 minut.
c) Rozwałkuj arkusz ciasta francuskiego na lekko posypanej mąką powierzchni na szorstki okrąg o średnicy około 12 cali.
d) Rozłóż karmelizowaną cebulę równomiernie na cieście francuskim, pozostawiając około 2-calowe marginesy wokół krawędzi.
e) Ułóż świeże liście szpinaku na karmelizowanej cebuli.
f) Posyp szpinak tartym parmezanem.
g) Dopraw solą i pieprzem do smaku.
h) Złóż brzegi ciasta francuskiego na szpinak i cebulę, zakładając w razie potrzeby.
i) Brzegi ciasta posmaruj roztrzepanym jajkiem.
j) Piec 25-30 minut lub do momentu, aż ciasto będzie złotobrązowe, a nadzienie dobrze się rozgrzeje.
k) Przed podaniem lekko ostudź.

ORZECHOWE GALETY

40. Galettes z malinami i orzechami laskowymi z coulisem malinowym

SKŁADNIKI:

- 2 uncje złotego cukru pudru
- 3 uncje zmielonych orzechów laskowych
- 4 uncje zwykłej mąki, przesianej
- 3 uncje niesolonego masła, schłodzonego i pokrojonego na małe kawałki
- 1 żółtko, ubite
- 1 funt + 2 uncje malin
- 4 łyżki cukru pudru, przesianego
- 284 ml śmietanki do ubijania

INSTRUKCJE:

a) W robocie kuchennym wymieszaj cukier, orzechy laskowe i mąkę. Dodaj masło i miksuj, aż mieszanina będzie przypominać drobną bułkę tartą. Dodaj żółtko i mieszaj, aż mieszanina utworzy kulę.

b) Na lekko posypanej mąką powierzchni rozwałkuj ciasto na grubość około 3 mm (½ cala). Wytnij 16 krążków za pomocą noża o średnicy 6 cm (2½"). Ułożyć na blachach do pieczenia z powłoką nieprzywierającą i piec w nagrzanym piekarniku w temperaturze 180°C (350°F, klasa gazu 4) przez 12-15 minut lub do momentu lekkiego zrumienienia. Lekko ostudzić przed przeniesieniem na stojak do studzenia.

c) Aby przygotować coulis, zmiksuj połowę malin i przetrzyj przez sito, aby usunąć pestki. Wymieszaj 45 ml (3 łyżki stołowe) cukru pudru.

d) Ubić śmietanę i dodać pozostały cukier puder.

e) Przełożyć dwie krążki kruchego ciasta kremem i pozostałymi całymi malinami. Na wierzch połóż większą ilość śmietanki i malin. Powtórz, aby uzyskać 8 galety.

f) Podawać posypane cukrem pudrem, udekorowane gałązkami mięty i podawane z coulisem malinowym.

41.Galette z nutellą i orzechami mango

SKŁADNIKI:

- 7 uncji mąki
- 3 ½ uncji wegańskiego masła (cienkie plasterki)
- 2 łyżki cukru
- 2 łyżki lodowatej wody
- 1 mango
- Szczypta soli
- 4-5 łyżek pasty z orzechów laskowych
- ¼ szklanki mleka migdałowego i ½ łyżki cukru do posmarowania i posmarowania skórki

INSTRUKCJE:

a) Połącz mąkę i masło w robocie kuchennym.
b) Dodajemy cukier, szczyptę soli, a na koniec wodę i wyrabiamy jednolite ciasto.
c) Odstawić na 30 minut do lodówki.
d) Mango pokrój w cienkie plasterki i odłóż na bok.
e) Weź ciasto na ciasto i zwiń je wałkiem do ciasta o średnicy 10-12 cali.
f) Rozgrzej piekarnik do 400°F.
g) Posmaruj 4-5 łyżek domowej roboty Nutellą środek ciasta. Pozostaw około 1 cala krawędzi wolnej.
h) Na cieście ułóż plasterki mango w okrąg.
i) Złóż brzeg ciasta na mango jako skórkę.
j) Posmaruj spód mlekiem migdałowym. Posyp spód cukrem.
k) Piec 35-40 minut w piekarniku.
l) Natychmiast podawaj.

42. Galette z nektaryną i śliwką pistacjową

SKŁADNIKI:
SKÓRKA PISTACJOWA
- 1 ½ szklanki mąki uniwersalnej
- ¼ szklanki niesolonych pistacji, obranych i grubo posiekanych
- 1 łyżeczka cukru granulowanego
- ¼ łyżeczki soli
- ½ szklanki niesolonego zimnego masła, pokrojonego w plasterki lub w 1 cm kostkę
- 1 duże żółtko
- 4 do 5 łyżek zimnej wody

NADZIENIE OWOCOWE
- ¼ szklanki granulowanego cukru
- 3 łyżki polepszacza do nadzienia ciast
- ¼ łyżeczki mielonego cynamonu
- 6 do 8 nektarynek, wypestkowanych i pokrojonych w plasterki
- 6 do 8 śliwek, wypestkowanych i pokrojonych w plasterki
- 1 łyżka soku z cytryny
- 2 łyżki niesolonego masła, pokrojonego w 1 cm kostkę
- 1 łyżka cukru granulowanego
- ¼ szklanki niesolonych pistacji, obranych i grubo posiekanych

INSTRUKCJE:
a) W średniej misce wymieszaj mąkę, pistacje, cukier i sól. Wlać masło i obtoczyć w mieszance mąki.

b) Używając blendera do ciasta lub widelca o długich zębach, posiekaj masło i żółtko, aż mieszanina stanie się krucha mniej więcej wielkości małego groszku.

c) Dodawaj wodę po 2 łyżki na raz i kontynuuj dodawanie mąki do momentu, aż uformuje się ciasto, które będzie mogło opuścić boki miski i stać się jedną spójną masą ciasta. Ciasto uformować w spłaszczony dysk.

d) Przykryj szczelnie folią spożywczą i pozostaw ciasto do schłodzenia w lodówce na 30 minut.

e) W międzyczasie w dużej misce wymieszaj cukier, nadzienie do ciast i cynamon. Uwaga: jeśli używasz mąki uniwersalnej jako zagęstnika, dodaj ¼ szklanki cukru; odłożyć na bok. Wrzucić

nektarynki i śliwki. Skropić sokiem z cytryny, delikatnie wymieszać; odłożyć na bok.
f) Rozgrzej piekarnik do 425°F i wyłóż dużą blachę do pieczenia papierem pergaminowym lub silikonową matą do pieczenia; odłożyć na bok.
g) Gdy ciasto ostygnie, lekko posyp mąką czystą i suchą powierzchnię. Rozwałkuj ciasto na prostokąt o wymiarach 12 x 8 cali i grubości około ⅛ cala. Pozostałymi skrawkami wypełnij wszelkie szczeliny i pęknięcia w rozwałkowanym cieście. Za pomocą dużej skrobaczki stołowej przenieś arkusz ciasta na przygotowaną blachę do pieczenia.
h) Delikatnie zwiń krawędzie do środka i delikatnie ściśnij szew ciasta, tworząc brzeg.
i) Z tego samego owocu weź plasterki mniej więcej tej samej wielkości i zacznij układać owoce, zaczynając od środka i kierując się w stronę brzegów. Układając owoce najbliżej brzegów, należy użyć mniejszych plasterków, aby wypełnić szczeliny. Zmieniające się kolory i kąty podczas układania owoców stworzą bardziej dynamiczną estetykę.
j) Nadzienie posypać 2 łyżkami masła pokrojonego w kostkę. Brzegi ciasta posmaruj wodą i posyp 1 łyżką cukru. Posyp galette pozostałymi pistacjami .
k) Piec przez 30 do 40 minut lub do momentu, aż skórka będzie złotobrązowa, a owoce miękkie. Przed podaniem galette należy pozostawić na 1 godzinę do ostygnięcia na metalowej kratce. CIESZYĆ SIĘ!

43. malinowo- lukrecjowy i galette z orzechów laskowych

SKŁADNIKI:
- ¾ szklanki surowych orzechów laskowych ze skórką
- ¾ łyżeczki soli
- 1 ¼ szklanki zwykłej mąki i więcej na powierzchnię roboczą
- ½ szklanki (1 sztyft) schłodzonego, niesolonego masła, pokrojonego na 1,5 cm kawałki
- ¼ szklanki) cukru
- 2 duże żółtka
- 1 szklanka dżemu z malin i lukrecji
- 1 łyżeczka drobno startej skórki z limonki
- 1 łyżka świeżego soku z limonki
- 1 duże jajko, ubite do wymieszania
- 2 łyżki cukru surowego
- Lody orzechowe lub waniliowe (do podania; opcjonalnie)

INSTRUKCJE:
a) Rozgrzej piekarnik do 190°C.
b) Zmiel orzechy laskowe, sól i 1 ¼ szklanki mąki w robocie kuchennym, aż orzechy zostaną bardzo drobno zmielone; przenieść do średniej miski i odstawić.
c) Masło i cukier zmiksuj w robocie kuchennym na gładką masę. Dodać żółtka i puls, tylko do połączenia. Dodaj zarezerwowaną mieszankę orzechów laskowych i pulsuj, aż się wymiesza. Zbierz w kulę, spłaszcz w dysk i zawiń w folię. Schładzaj przez co najmniej 2 godziny.
d) W małej misce wymieszaj dżem malinowy i lukrecjowy, skórkę z limonki i sok z limonki, aby wymieszać; odłożyć na bok.
e) Rozwałkuj ciasto na posypanym mąką papierze do pieczenia na okrąg o średnicy 35 cm i grubości około 3 mm, w razie potrzeby podsypując mąką, aby zapobiec sklejaniu się. Na cieście rozsmaruj masę dżemową, pozostawiając 4 cm margines. Brzegi ciasta posmaruj roztrzepanym jajkiem. Używając papieru do pieczenia, załóż brzeg ciasta na dżem, ściskając ewentualne pęknięcia ciasta. Na blachę do pieczenia nakładamy papier do pieczenia z galette . Posmaruj wierzch ciasta roztrzepanym jajkiem; posyp cukrem surowym.

f) Piec galette , obracając w połowie, aż skórka będzie głęboko złocistobrązowa, 30–40 minut.
g) Włóż dużą szpatułkę lub nóż pomiędzy tartę a papier, aby uwolnić tartę z ewentualnych pęcherzyków, które mogły wypłynąć. Całkowicie ostudź na patelni ustawionej na metalowej kratce.
h) Pokrój w ćwiartki i podawaj z lodami, według uznania.

44. Galette z migdałami i pikantnym serem

SKŁADNIKI:
DO WYPEŁNIENIA:
- 1 funt Roqueforta lub Camemberta, zmiękczony, a skórka odrzucona
- ¼ szklanki gęstej śmietanki
- ¼ szklanki wytrawnego białego wina
- 1 duże żółtko
- 2 łyżki mąki uniwersalnej
- Sól i pieprz do smaku

NA CIASTO:
- 3 szklanki mąki uniwersalnej
- 2 łyżki cukru
- ¼ łyżeczki soli
- 1 ½ kostki zimnego, niesolonego masła, pokrojonego na kawałki (¾ szklanki)
- 2 duże jajka, lekko ubite
- ¼ szklanki pokrojonych migdałów, najlepiej blanszowanych, lekko uprażonych
- Płyn jajeczny sporządzony poprzez ubicie 1 dużego żółtka z 1 łyżką wody
- Jako dodatek czerwone winogrona

INSTRUKCJE:
WYKONAJ NADZIENIE:
a) W robocie kuchennym zmiksuj Roquefort (lub Camembert), pokrój na kawałki, śmietanę, wino, żółtko, mąkę, sól i pieprz, aż nadzienie będzie gładkie.

WYROB ciasto:
b) W misce wymieszaj mąkę, cukier i sól.
c) Dodaj masło i mieszaj, aż mieszanina będzie przypominać gruboziarnisty posiłek.
d) Wmieszać ubite jajka.
e) Na lekko posypanej mąką powierzchni zagniataj ciasto przez kilka sekund, aż się połączy.
f) Ciasto podzielić na pół, z każdej uformować kulę i schłodzić ciasto owinięte w folię spożywczą na 1 godzinę.

ZŁÓŻ GALETĘ:
g) Na lekko posypanej mąką powierzchni rozwałkuj każdą kulkę ciasta na okrąg o średnicy 10 cali.
h) Wciśnij jeden z krążków ciasta na spód i ¾ cala w górę posmarowanej masłem 9-calowej okrągłej formy do ciasta.
i) Rozprowadź nadzienie równomiernie na dnie ciasta za pomocą wąskiej metalowej szpatułki.
j) Posyp nadzienie prażonymi, pokrojonymi w plasterki migdałami.
k) Za pomocą końcówki szpatułki załóż brzeg ciasta na nadzienie.
l) Ułóż resztę ciasta na wierzchu nadzienia i wciśnij brzeg górnego okrągła pomiędzy dolny okrąg a brzeg formy, zamykając nadzienie i zamykając galette.
m) Naciąć wierzch widelcem w romby, posmarować ciasto rozmąconym jajkiem i schłodzić galette przez co najmniej 30 minut do 8 godzin.
n) Rozgrzej piekarnik do 400°F.
o) Piecz galette w środku nagrzanego piekarnika przez 50 do 55 minut lub do momentu, aż będzie złotobrązowa.
p) Pozostawiamy do wystygnięcia na blaszce na kratce przez 10 minut.
q) Przeciągnij cienkim nożem po krawędzi galette, ostrożnie przełóż ją na talerz i odwróć na kratkę.
r) Galette odstawiamy do całkowitego wystygnięcia i podajemy pokrojoną w cienkie plasterki, razem z winogronami.

45. Galette brzoskwiniowo-jeżynowa z migdałami

SKŁADNIKI:
CIASTO
- 1⅓ szklanki mąki uniwersalnej
- 1 łyżka cukru
- ½ łyżeczki drobnej soli morskiej
- 1 duże jajko
- W razie potrzeby gęsty krem
- 2 łyżeczki soku z cytryny
- ½ łyżeczki startej skórki z cytryny
- 1 kostka niesolonego masła, pokrojona na duże kawałki

POŻYWNY
- 2 szklanki pokrojonych w plasterki brzoskwiń (obranych lub nie, według uznania)
- 1 szklanka jeżyn
- ½ szklanki jasnego brązowego cukru
- 3 ½ łyżki skrobi kukurydzianej
- 1 szczypta soli
- ½ cytryny, startej skórki i wyciśniętego soku
- ¼ łyżeczki ekstraktu migdałowego (opcjonalnie)
- ¼ szklanki posiekanych migdałów
- 1 łyżka cukru granulowanego

INSTRUKCJE:
DO SKORUPY:
a) W robocie kuchennym wyposażonym w stalowe ostrze lub dużą miskę zmiksuj lub wymieszaj mąkę, cukier i sól. W misce miarowej lekko ubij jajko, następnie dodaj tyle śmietany, aby uzyskać ⅓ szklanki. Lekko wymieszaj jajko i śmietanę.
b) Dodaj masło do mąki i rozdrobnij masło za pomocą noża do ciasta lub palców. Jeśli używasz robota kuchennego, nie przetwarzaj go nadmiernie; potrzebujesz kawałków masła wielkości ciecierzycy.
c) Posmaruj ciasto mieszaniną jajek (do ¼ szklanki) i pulsuj lub mieszaj, aż zacznie się łączyć, ale nadal będą to głównie duże okruszki.
d) Wymieszać z sokiem i skórką z cytryny.

e) Ciasto wykładamy na blat oprószony mąką i zagniatamy tak, aby powstał jednolity kawałek. Spłaszczyć na dysk, zawinąć w folię i schłodzić przez 2 godziny lub do 3 dni.
f) Rozgrzej piekarnik do 400°F. Rozwałkuj ciasto na okrąg o średnicy 12 cali (może być poszarpane).
g) Przełożyć na wyłożoną pergaminem blachę do pieczenia i schłodzić w czasie przygotowywania nadzienia.

DO WYPEŁNIENIA:

h) W dużej misce wymieszaj brzoskwinie i jeżyny, jasnobrązowy cukier, skrobię kukurydzianą, szczyptę soli, sok i skórkę z cytryny oraz ekstrakt migdałowy.

ZŁOŻYĆ:

i) Na okrąg ciasta ułóż mieszaninę owoców, pozostawiając 1,5-calową granicę.
j) Delikatnie złóż ciasto na owocach, zakładając je, aby je przytrzymać (niechlujne jest w porządku).
k) Ciasto obficie posmaruj resztą mieszanki jajek i śmietanki. Na wierzch posypujemy migdałami i granulowanym cukrem.
l) Piec 35-45 minut, aż nadzienie zacznie intensywnie bulgotać, a skórka będzie złocista.
m) Studzimy co najmniej 20 minut na metalowej kratce. Podawać na ciepło lub w temperaturze pokojowej.

46. Galette z żurawiną i orzechami

SKŁADNIKI:
- 1 ciasto na ciasto z pojedynczym ciastem

NADZIENIE ŻURAWINOWE ORZECHOWE
- 2 szklanki całej żurawiny
- ⅔ szklanki cukru
- 1 ¼ łyżeczki skrobi kukurydzianej
- szczypta gałki muszkatołowej
- szczypta soli
- ¼ łyżeczki startej świeżej skórki pomarańczowej lub ½ łyżki likieru pomarańczowego
- ¼ szklanki posiekanych orzechów włoskich

MYCIE JAJ
- 1 jajko
- 1 łyżka wody
- ¼ łyżeczki cynamonu

INSTRUKCJE:
a) Włóż 1 ½ szklanki żurawiny do robota kuchennego i pulsuj, aż zostaną grubo posiekane. W średniej misce wymieszaj posiekaną i całą żurawinę z pozostałymi składnikami na nadzienie.

b) Podziel ciasto na cztery równe części. Każdą porcję rozwałkuj na okrąg o grubości około ¼ cala. Układamy kółka na blasze wyłożonej papierem do pieczenia. Zewnętrzne krawędzie posmaruj jajkiem. Aby przygotować masę jajeczną, wymieszaj całe jajko i 1 łyżkę wody.

c) Napełnij stos na środku, pozostawiając 1,5 cala wokół krawędzi.

d) Zawiń brzegi i zsuń je razem, tworząc ciasto przypominające miskę. (Ja włożyłam stałą część nadzienia, następnie zagięłam brzegi i następnie skropiłam płynem w środku). Z zewnątrz posmaruj jajkiem i posyp cukrem.

e) Zamrażaj przez 1 godzinę lub do momentu, aż będzie gotowy do pieczenia.

f) Piec przez 10 minut w temperaturze 120°F, a następnie przez 10 minut w temperaturze 375°F (lub do złotego koloru na zewnątrz).

47. Galette Czekoladowo-Orzechowa

SKŁADNIKI:
- 1 spód ciasta domowej roboty lub kupiony w sklepie
- 2 łyżki masła
- ⅓ szklanki ciemnobrązowego cukru
- ½ łyżeczki octu jabłkowego
- ¼ szklanki syropu klonowego
- 1 duże jajko
- 3 łyżki kakao holenderskiego procesowego
- 1 szklanka orzechów pekan
- ½ szklanki kawałków czekolady
- szczypta soli morskiej

INSTRUKCJE:
TOSTOWANIE ORZECHÓW ORZECHOWYCH:
a) Rozgrzej piekarnik do 350 F i rozłóż orzechy pekan na blasze do pieczenia. Jeśli są surowe, opiekaj je przez 10 minut. Jeśli są już upieczone, opiekaj je przez pięć.
b) Zanim trafią do nadzienia, upewnij się, że są zimne.

WYKONAJ NADZIENIE:
c) Wymieszaj cukier, syrop, roztopione masło i kakao w garnku na średnim ogniu, aż masa będzie gładka.
d) Gdy ostygnie, dodaj jajko, następnie ocet, kawałki czekolady i orzechy pekan.

ZŁÓŻ GALETĘ:
e) Rozgrzej piekarnik do 400 F. Wyłóż blachę z ciastkami papierem pergaminowym.
f) Na lekko posypanym mąką blacie rozwałkuj ciasto, aż powstanie okrąg o średnicy około 14-15 cali. Nałóż nadzienie na środek i rozprowadź je, zostawiając dwucentymetrowy margines.
g) Złóż ciasto na nadzienie, nie martw się, jeśli nie wygląda idealnie, ale upewnij się, że jest szczelnie zamknięte, aby żadne nadzienie nie mogło wyciekać. Posmaruj je rozmąconym jajkiem i posyp cukrem. Piec przez 30 minut.
h) Podawać na ciepło, z lodami.

48. Glazurowana Galette Brzoskwiniowa z kremem z nerkowców

SKŁADNIKI:

- 1 szklanka niebielonej mąki pszennej miękkiej
- 1 szklanka miękkiej mąki pełnoziarnistej
- ¼ łyżeczki soli morskiej
- 1 łyżeczka niebielonego cukru trzcinowego
- 2 jajka
- ½ szklanki margaryny

POŻYWNY
- 6 organicznych brzoskwiń
- 2 łyżki syropu klonowego
- ¼ łyżeczki czystego ekstraktu waniliowego
- nasiona sezamu (opcjonalnie)

KREM
- ½ szklanki surowych orzechów nerkowca namoczonych przez 1-2 godziny
- Sok z ½ cytryny
- ¼ szklanki przefiltrowanej wody
- 2 łyżki syropu klonowego
- szczypta soli morskiej

INSTRUKCJE:

a) W średniej misce wymieszaj mąkę, sól, cukier, jajka i margarynę, aż powstanie kula ciasta. Użyj (czystych) rąk ⏺ Jeśli jest za mokre, dodaj trochę więcej mąki, jeśli jest za suche, możesz dodać odrobinę wody.

b) Ciasto włożyć do miski, przykryć i wstawić do lodówki na 15 minut do wystygnięcia na czas przygotowania nadzienia.

c) Obierz i pokrój wszystkie brzoskwinie, włóż je do miski i skrop syropem klonowym i wanilią. Dobrze wymieszaj, aby wszystko było przykryte.

d) Wyjmij ciasto na czysty blat lub inną czystą, dużą powierzchnię, posyp mąką, aby się nie sklejało, i za pomocą wałka lub butelki ugniataj ciasto, aż będzie tak cienkie, jak to tylko możliwe. Nie musi być super cienka i perfekcja nie jest tu konieczna.

e) Staraj się, aby ciasto było stosunkowo okrągłe, połóż je na blaszce wyłożonej papierem pergaminowym, następnie wylej masę brzoskwiniową na środek i zawiń brzegi ciasta.
f) Użyj trochę soku z brzoskwiń i syropu klonowego, aby pokryć brzegi ciasta.
g) Piec w piekarniku nagrzanym na 200°C przez około 25-30 minut, w zależności od wielkości ciasta i grubości ciasta.
h) Aby przygotować krem z nerkowców, po prostu włóż wszystkie składniki do blendera o dużej mocy i zmiksuj, aż masa będzie całkowicie gładka.
i) Podawaj ciasto na ciepło lub na zimno, z dodatkiem skropionego kremu z nerkowców.

49. Galettes z rabarbarem, różą i truskawkami z pistacjami

SKŁADNIKI:
CIASTO PISTACJOWE
- 1 szklanka zimnego, niesolonego masła (2 paluszki)
- 2 ½ szklanki mąki uniwersalnej
- 2 łyżki granulowanego cukru
- 2 łyżeczki soli
- ¼ szklanki lodowatej wódki
- 2-4 łyżki lodowatej wody
- ½ szklanki drobno posiekanych pistacji (niesolonych)

RÓŻE RABARBAROWE
- 3 łodygi rabarbaru
- 1 ½ szklanki cukru
- 1 ½ szklanki wody
- 3-5 kropli ekstraktu różanego

NADZIENIE TRUSKAWKOWE
- 1 pinta świeżych truskawek (w plasterkach)
- 1 skórka i sok z cytryny
- ½ szklanki) cukru
- 1 łyżka skrobi z tapioki

MYCIE JAJ
- 1 jajko
- 2-3 łyżki cukru musującego (lub cukru trzcinowego)
- Tryb gotowania Zapobiega przyciemnianiu ekranu

INSTRUKCJE:
CIASTO PISTACJOWE
a) W robocie kuchennym zmiksuj pistacje z około 1 łyżką mąki, aż zostaną drobno posiekane . Przełożyć do miski i odstawić.

b) Masło pokroić w kostkę ¼" - ½" i włożyć z powrotem do lodówki lub zamrażarki, aby stwardniało na kilka minut.

c) Do miski o wysokich bokach wsyp mąkę, cukier i sól i wymieszaj.

d) Jeśli masz robot kuchenny, możesz go użyć do wymieszania ciasta na ciasto.

e) Umieść mieszaninę mąki i pokrojone w kostkę masło w robocie kuchennym. Delikatnie pulsuj, aż mąka zmieni kolor z

jedwabistego na mączysty; powinno to zająć tylko kilka impulsów, więc uważnie go obserwuj.
f) Pulsując, delikatnie wlewaj wódkę przez rurkę zasilającą, aż do połączenia. Na tym etapie lubię przełożyć kruche ciasto do dużej miski i sprawdzić stopień uwodnienia ciasta, zbierając małą garść; jeśli trzyma się razem, jest gotowy. Jeśli jest suche lub kruche, powoli dodawaj pozostałą wodę, 1 łyżkę stołową na raz. Sprawdzaj ciasto, od czasu do czasu je ściskając.
g) Gdy ciasto zacznie się sklejać, dodaj posiekane pistacje, aż do całkowitego połączenia.
h) Z ciasta uformuj cztery krążki w przypadku mniejszych galette 6 cali lub dwa krążki w przypadku większych galette 10 cali i zawiń je pojedynczo w folię.
i) Schładzaj przez co najmniej 1 godzinę przed zwijaniem i formowaniem.

RÓŻE RABARBAROWE
j) Małym nożem do obierania ostrożnie pokrój łodygi rabarbaru wzdłuż na cienkie, długie wstążki o grubości około ⅛ cala.
k) Dodaj wodę i cukier do garnka o szerokim dnie i gotuj na średnim ogniu. Ubijać, aż cukier całkowicie się rozpuści. Następnie dodaj kilka kropli ekstraktu różanego.
l) Dodawaj partiami wstążki rabarbarowe i gotuj na średnim ogniu przez około 45 sekund, aż zaczną robić się miękkie i giętkie, ale zanim staną się gumowate. Przełożyć na blachę wyłożoną papierowymi ręcznikami.
m) Gdy wstążki ostygną, możesz zacząć formować róże. Zacznij od trzymania jednego końca między kciukiem a palcem wskazującym, a następnie mocno owiń wokół palca wskazującego, aż zacznie formować się kształt róży. Gdy zostanie około ½ cala wstążki, delikatnie przełóż ją przez środek, aby utrzymać kształt róży. Umieść róże z powrotem na wyłożonej blachą do pieczenia. Powtórz tę czynność ze wszystkimi wstążkami.

NADZIENIE TRUSKAWKOWE
n) Pokrój truskawki w plasterki o średnicy ¼ - ½ cala i włóż do miski miksującej.

o) Dodać skórkę i sok z jednej cytryny, posypać cukrem i wymieszać. Wymieszaj skrobię z tapioki i odstaw na 15 minut.

FORMOWANIE GALET

p) Rozwałkuj mniejsze krążki ciasta na krążki o średnicy 8 cali, a większe krążki na krążki o średnicy 12–14 cali o grubości około ⅛–¼ cala.
q) Delikatnie równomiernie rozłóż truskawki na środku krążków ciasta, pozostawiając dookoła 2-calowy brzeg w przypadku małych galette lub 3-calowy brzeg w przypadku większych galette .
r) Ostrożnie unieś i złóż brzeg w górę i nad nadzieniem, pozwalając, aby ciasto podczas składania naturalnie się fałdowało w odstępach 2 cali. Podczas składania powinno zagiąć się około 8 razy.
s) Na odkrytą mieszankę truskawek ułóż bukiet róż rabarbarowych.
t) Ułóż galettes na wyłożonej papierem blasze do pieczenia, dwie małe galette /blachę lub jedną dużą galette /blachę.
u) Rozgrzej piekarnik do 375° i schładzaj galettes przez 10-15 minut, podczas gdy piekarnik się nagrzewa.
v) W małej misce wymieszaj jajka. Lekko posmaruj powstałą mieszanką ciasto i posyp cukrem musującym.
w) Piec 35-40 minut, w połowie czasu obracając foremki. Skórka powinna być ciemnozłota, a owoce miękkie.
x) Pozwól ostygnąć przed podaniem. Posypać kilkoma całymi pistacjami dla dodania koloru i chrupkości. Pokrój w kliny i podawaj.
y) galette zrób mały namiot z folii aluminiowej i przykryj owocowym środkiem (pozostawiając brzegi ciasta odsłonięte) na pierwsze 25 minut. Na ostatnie 10 minut pieczenia zdjąć namioty.

50. Galette z jabłkami i orzechami laskowymi

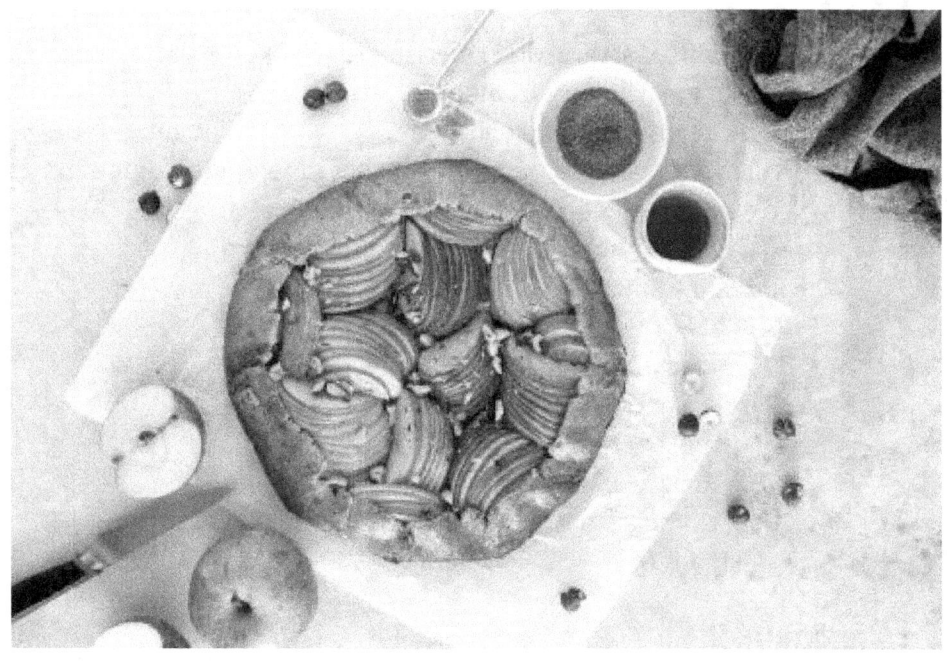

SKŁADNIKI:

- 50 g jasnobrązowego miękkiego cukru plus dodatkowa ilość do posypania
- ½ cytryny, startej skórki i wyciśniętego soku
- 1 łyżka mąki kukurydzianej
- 1 łyżka syropu klonowego
- 3 jabłka Bramley, obrane, wydrążone, przekrojone na pół i pokrojone w cienkie plasterki
- 20 g orzechów laskowych, grubo posiekanych
- podwójna śmietana do podania

DO CIASTA

- 80 g orzechów laskowych
- 2 łyżki cukru pudru
- 125 g mąki orkiszowej
- 175 g mąki zwykłej plus trochę do podsypania
- 150 g zimnego masła, pokrojonego w kostkę
- 1 jajko, ubite

INSTRUKCJE:

a) Najpierw przygotuj ciasto. Orzechy laskowe i cukier zmiksuj w robocie kuchennym, aż zostaną drobno posiekane.
b) Dodaj mąkę orkiszową i zwykłą, masło i sporą szczyptę soli, i ponownie zmiksuj, aż całe masło zostanie włączone, a mieszanina będzie piaszczysta.
c) Gdy silnik pracuje, wlewaj 1-2 łyżki zimnej wody, aż ciasto zacznie tworzyć grudki.
d) Ściśnij trochę między palcami – jeśli masz wrażenie, że się połączy, przełóż mieszankę na blat i krótko ugniataj w kulkę. Uformuj dysk, zawiń i włóż do lodówki na 30 minut lub na całą noc.
e) Jeżeli ciasto było chłodzone dłużej niż 30 minut, przed rozwałkowaniem należy je pozostawić na 20 minut do temperatury pokojowej. W dużej misce wymieszaj brązowy cukier, skórkę z cytryny, mąkę kukurydzianą i syrop klonowy. Dodać jabłka i dobrze wymieszać. Odłożyć na bok na czas wałkowania ciasta.
f) Rozgrzej piekarnik do 180C/160C z termoobiegiem/gaz 4. Opróżnij arkusz pergaminu do pieczenia wystarczająco duży, aby wyłożyć

mąką dużą blachę do pieczenia, a następnie rozwałkuj ciasto na okrąg o średnicy około 30 cm na wierzchu pergaminu.

g) Ciasto będzie pękać i kruszyć się podczas wałkowania, ale po prostu dociśnij brzegi do siebie – nie przejmuj się, jeśli będzie wyglądać rustykalnie. Przełóż ciasto na pergaminie na blachę do pieczenia. Za pomocą rąk ułóż plasterki jabłka na środku koła ciasta, pozwalając, aby nadmiar syropu spłynął z powrotem do miski (zachowaj syrop na później). Pamiętaj, aby pozostawić wokół krawędzi wyraźny 2 cm margines.

h) Użyj pergaminu do pieczenia, aby podnieść brzegi ciasta nad jabłkami, pozostawiając większość jabłek odsłoniętych.

i) Zsuń wszystkie pęknięcia na krawędziach, aby utworzyć rustykalną ramkę z ciasta.

j) Posmaruj brzegi ciasta roztrzepanym jajkiem, posyp odrobiną brązowego cukru i posyp orzechami laskowymi. Piec przez 50-55 minut, aż uzyska złoty kolor.

k) W międzyczasie wlej pozostały syrop z jabłek do małego rondla i gotuj przez kilka minut, aż syrop stanie się syropowy. Gdy galette będzie ugotowana i jeszcze gorąca, posmaruj jej wierzch syropem.

l) Pozostawić do ostygnięcia na co najmniej 30 minut, następnie podawać na ciepło z zimną śmietaną.

GALETY ZIOŁOWE

51. Galette ze złotymi pomidorami i bazylią

SKŁADNIKI:
NA CIASTO GALETTE:
- 1 ¼ szklanki mąki uniwersalnej
- ½ łyżeczki soli
- ½ szklanki niesolonego masła, zimnego i pokrojonego w małą kostkę
- 2 do 4 łyżek wody z lodem

DO WYPEŁNIENIA:
- 3 szklanki złotych pomidorków koktajlowych, przekrojonych na połówki
- 1 szklanka posiekanych świeżych liści bazylii
- 1 szklanka sera mozzarella, posiekanego
- 2 łyżki oliwy z oliwek
- 2 ząbki czosnku, posiekane
- Sól i pieprz do smaku

DO MONTAŻU:
- 1 roztrzepane jajko (do posmarowania jajek)
- Tarty parmezan (opcjonalnie, do posypania)

INSTRUKCJE:
CIASTO GALETTE:
a) W robocie kuchennym wymieszaj mąkę i sól. Dodaj zimne, pokrojone w kostkę masło i pulsuj, aż mieszanina będzie przypominać grube okruchy.
b) Stopniowo dodawaj wodę z lodem, po jednej łyżce na raz i ubijaj pulsacyjnie, aż ciasto się połączy. Uważaj, aby nie przesadzić z przetwarzaniem.
c) Ciasto wyłóż na blat posypany mąką, uformuj dysk, zawiń w folię i włóż do lodówki na co najmniej 30 minut.

POŻYWNY:
d) Rozgrzej piekarnik do 190°C (375°F).
e) W misce wymieszaj przekrojone na połówki złote pomidorki koktajlowe z posiekaną bazylią, mozzarellą, oliwą z oliwek, posiekanym czosnkiem, solą i pieprzem. Mieszaj, aż dobrze się połączą.

MONTAŻ:
f) Rozwałkuj schłodzone ciasto na posypanej mąką powierzchni w okrąg o średnicy około 12 cali.
g) Rozwałkowane ciasto przełożyć na wyłożoną pergaminem blachę do pieczenia.
h) Na środek ciasta nałóż nadzienie pomidorowo-bazyliowe, pozostawiając około 2 cm ciasta na brzegach.
i) Złóż brzegi ciasta na nadzienie, tworząc rustykalny, dowolny kształt.
j) Brzegi ciasta posmaruj roztrzepanym jajkiem, aby uzyskać złocisty kolor.
k) Opcjonalnie posypujemy wierzch tartym parmezanem.

PIECZENIE:
l) Piec w nagrzanym piekarniku przez 30-35 minut lub do momentu, aż skórka będzie złotobrązowa, a pomidory miękkie.
m) Wyjmij z piekarnika i pozostaw do ostygnięcia na kilka minut przed pokrojeniem.
n) Podawaj na ciepło i delektuj się pyszną Galette ze Złotymi Pomidorami i Bazylią !

52. Galette jabłkowa o zapachu tymianku

SKŁADNIKI:
NA CIASTO:
- 1 ½ szklanki mąki uniwersalnej
- ¼ szklanki cukru cukierniczego
- 1 łyżeczka soli
- 1 ½ kostki zimnego, niesolonego masła, pokrojonego na kawałki (¾ szklanki)
- 1 duże żółtko
- 2 łyżki zimnej wody

DO SZKLIWIENIA:
- 4 średnie jabłka Gala lub Empire (około 2 funtów)
- ¼ szklanki białego wina
- ⅓ szklanki cukru
- ½ szklanki białego wina
- ½ szklanki galaretki jabłkowej
- ¼ szklanki luźno zapakowanych gałązek świeżego tymianku
- Do dekoracji: gałązki świeżego tymianku i 1 łyżka świeżych liści tymianku

INSTRUKCJE:
NA CIASTO:
a) W misce wymieszaj mąkę, cukier puder i sól.
b) Używając blendera do ciasta lub palców, zmiksuj masło, aż mieszanina będzie przypominać gruboziarnisty posiłek.
c) W małej misce wymieszaj żółtko i zimną wodę.
d) Dodawaj mieszankę żółtkową do mąki, jedną łyżkę stołową na raz, mieszając, aż mieszanina utworzy ciasto.
e) Na powierzchni roboczej kilka razy posmaruj ciasto wierzchem dłoni, aby rozwinąć gluten w mące i ułatwić pracę z ciastem.
f) Z ciasta uformuj kulę i spłaszcz ją na krążek o grubości 1 cala.
g) Ciasto owinięte w folię spożywczą schładzamy przez 30 minut.

DLA GALETTY:
h) Jabłka przekrój na połówki, wydrąż gniazda nasienne (nie obieraj) i pokrój w poprzek na ¼-calowe plasterki.
i) W dużej misce delikatnie wymieszaj plasterki jabłka z winem.
j) Rozgrzej piekarnik do 400°F.

k) Na lekko posypanej mąką powierzchni rozwałkuj ciasto na okrąg o średnicy 15 cali i przenieś na dużą blachę do pieczenia.
l) Złóż krawędź na około 1 cal, aby utworzyć granicę.
m) Na cieście ułóż plasterki jabłka, tworząc koncentryczne okręgi, które na siebie zachodzą.
n) Plasterki jabłka i brzegi ciasta posmaruj pozostałym w misce winem i posyp cukrem.
o) Piecz galette przez 45 minut lub do momentu, aż jabłka będą miękkie, a brzegi ciasta złociste.
p) Galette ostudź na blasze na kratce.

DO SZKLIWIENIA:
q) W małym rondlu gotuj wino z galaretką i tymiankiem, aż płyn zredukuje się o połowę, czyli około 15 minut.
r) Usuń tymianek łyżką cedzakową i obficie posmaruj gorącą glazurą plasterki jabłka.
s) Udekoruj galette gałązkami i liśćmi tymianku.
t) galette jabłkową pachnącą tymiankiem !

53. Galette z cukinii , estragonu i tymianku

SKŁADNIKI:
NA CIASTO:
- 350g mąki zwykłej plus dodatkowa ilość do podsypania
- ½ łyżeczki cukru pudru
- 250 g zimnego masła, pokrojonego w kostkę

DO WYPEŁNIENIA:
- 4 duże czerwone cebule, pokrojone w krążki o grubości 2-3 mm
- 1 łyżka oliwy z oliwek
- 1 łyżeczka liści tymianku, plus dodatkowa ilość do posypania
- 10 g estragonu, zerwanych i grubo posiekanych liści
- 3 średnie cukinie pokrojone w krążki o grubości 3 mm
- 1 jajko, ubite

INSTRUKCJE:

a) Aby przygotować ciasto, przesiej mąkę do miski i wymieszaj ze szczyptą soli i cukru. Opuszkami palców utrzyj masło z mąką, aż mieszanina będzie przypominać grubą bułkę tartą.

b) Za pomocą noża sztućcowego wymieszaj zimną wodę w takiej ilości, aby ciasto połączyło się w ciasto (można użyć maksymalnie 5-6 łyżek stołowych). Z ciasta uformuj kulę i spłaszcz ją w dysk. Zawinąć i schłodzić w lodówce przez 30 minut.

c) Aby przygotować nadzienie, podsmaż cebulę z oliwą i liśćmi tymianku na patelni na średnim ogniu przez 20 minut, aż cebula zmięknie i stanie się półprzezroczysta, ale nie zabarwiona. Dopraw, zdejmij z ognia i pozostaw do ostygnięcia.

d) Rozgrzej piekarnik do 200C/180C z termoobiegiem/gaz 6. Schłodzone ciasto rozwałkuj na lekko posypanej mąką powierzchni na duży prostokąt o grubości około 3 mm.

e) Prostokąt ciasta przełożyć na dużą blachę do pieczenia, na środek nałożyć nadzienie cebulowe i równomiernie rozprowadzić , zostawiając 5 cm margines na brzegach.

f) Posyp estragonem, a następnie ułóż plasterki cukinii na cebuli w nakładających się rzędach. Cukinię doprawić i posypać odrobiną tymianku.

g) Złóż boki ciasta tak, aby zachodziły na brzeg nadzienia, pozostawiając odsłonięty środek. Delikatnie dociśnij fałdy ciasta w rogach, aby je zabezpieczyć, a następnie posmaruj ciasto ubitym jajkiem.

h) Piecz galette przez 40-50 minut, aż ciasto będzie złotobrązowe, a cukinie miękkie i lekko złociste . Przed podaniem pozostawić na kilka minut do ostygnięcia i stwardnienia.

54. Galette z rozmarynem i jabłkiem

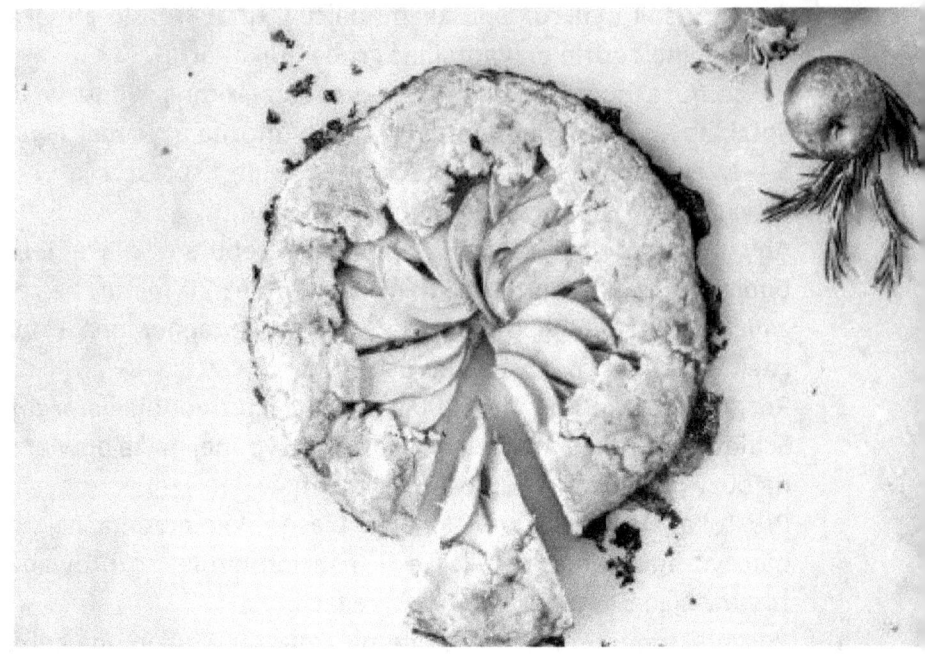

SKŁADNIKI:

- 4-5 średniej wielkości jabłek, pokrojonych w cienkie plasterki
- ⅓ szklanki granulowanego cukru
- 1 łyżka mąki uniwersalnej
- 1 łyżeczka świeżego rozmarynu, drobno posiekanego
- 1 łyżeczka skórki z cytryny
- 1 schłodzony spód ciasta (lub domowy)

INSTRUKCJE:

a) Rozgrzej piekarnik do 190°C (375°F).
b) W misce wymieszaj pokrojone jabłka, cukier, mąkę, rozmaryn i skórkę z cytryny. Mieszaj, aż jabłka się pokryją.
c) Rozwałkuj spód ciasta i połóż go na blasze do pieczenia.
d) plasterki jabłka na środku ciasta, pozostawiając brzegi.
e) Złóż brzegi ciasta na jabłka, tworząc rustykalny kształt galette.
f) Piec przez 30-35 minut lub do momentu, aż skórka będzie złotobrązowa, a jabłka miękkie.
g) Przed podaniem galette należy lekko ostudzić.

55. Galette z szałwią gruszkową

SKŁADNIKI:
SKORUPA:
- 1 ½ szklanki mąki uniwersalnej
- 2 łyżki granulowanego cukru
- 1 łyżeczka proszku do pieczenia
- ⅛ łyżeczki soli
- 3 łyżki oliwy z oliwek o smaku pomarańczowym
- 3 łyżki ostrej oliwy z oliwek
- 4 ½ łyżki stołowej/67 ml zimnej wody

POŻYWNY:
- 4/700 g Gruszek Bosc
- 2 łyżki/30ml soku z cytryny
- 3 łyżki/38g brązowego cukru
- 2 łyżki/15g mąki uniwersalnej
- 2 liście szałwii

GLAZURA:
- 1 białko jaja
- 1 łyżka stołowa/15ml wody
- 1 łyżka stołowa/13 g cukru kryształu

INSTRUKCJE:
ZROBIĆ KRUSZTĘ
a) Połącz mąkę, cukier, proszek do pieczenia i sól. Posiekaj oliwę z oliwek dwoma nożami (użyj kątownika) lub blenderem cukierniczym.

b) Gdy oliwa będzie w grudkach wielkości groszku, dodajemy wodę i siekamy podobnie, aż ciasto stanie się puszystą masą. Jeśli ciasto nie łączy się ze sobą, możesz dodać więcej wody, po ½ łyżki na raz.

c) Dłońmi uformuj ciasto w jedną, zwartą masę. Przykryj folią spożywczą i wstaw do lodówki na co najmniej 1 godzinę.

PRZYGOTOWAĆ NADZIENIE
d) Pokrój gruszki wzdłużnie na kawałki o grubości ⅛ (zostaw skórkę).

e) Zmiel 2 liście szałwii.

f) Wymieszaj gruszki z posiekaną szałwią, sokiem z cytryny, brązowym cukrem i mąką.

g) Odłożyć na bok.

h) Rozgrzej piekarnik do 350F.
i) Rozwałkuj ciasto pomiędzy dwoma arkuszami lekko oprószonego mąką pergaminu w okrąg o średnicy 14-16 cali i grubości ¼ cala. Użyj talerza, aby narysować idealny okrąg lub pozostaw krawędzie, aby uzyskać rustykalny wygląd.
j) Usuń górną warstwę pergaminu. Rozwałkowane ciasto ułożyć na blasze do pieczenia – dolną warstwę pergaminu pozostawić bez zmian. Jeśli brzegi ciasta w tym momencie wychodzą poza brzegi blachy, wszystko jest w porządku.
k) Ułóż lub ostrożnie ułóż masę gruszkową na środku ciasta o długości 10 lub 11 cali. Całość spłaszczyć do mniej więcej tej samej grubości. Używając pergaminu do podniesienia ciasta, złóż brzegi ciasta nad gruszkami, tworząc 6 boków (po tym czasie odciągnij pergamin na płasko).
l) Dociśnij obszary nakładania się, aby je skleić.
m) Pomiń ten krok, jeśli robisz wegańskie danie. Białka ubić na pianę z wodą. Lekko posmaruj całe odsłonięte ciasto. Posyp cienką warstwą granulowanego cukru na wierzchu.
n) Piec 40-50 minut, aż ciasto będzie złotobrązowe, a nadzienie zacznie bulgotać. Przed podaniem pozostawić do ostygnięcia na co najmniej 20 minut.
o) Doskonałe z odrobiną crème fraiche lub bitą śmietaną.

56. Galette z groszkiem, ricottą i koperkiem

SKŁADNIKI:
NA CIASTO Z PARMEZANEM:
- 1 ¼ szklanki mąki uniwersalnej
- ½ szklanki niesolonego masła, zimnego i pokrojonego w małą kostkę
- ¼ szklanki startego parmezanu
- ¼ łyżeczki soli
- 2 do 4 łyżek wody z lodem

DO WYPEŁNIENIA:
- 2 szklanki świeżego lub mrożonego groszku, rozmrożonego
- 1 szklanka sera ricotta
- ¼ szklanki startego parmezanu
- 2 łyżki świeżego koperku, posiekanego
- Skórka z jednej cytryny
- Sól i pieprz do smaku

DO MONTAŻU:
- 1 roztrzepane jajko (do posmarowania jajek)
- Dodatkowy parmezan do posypania (opcjonalnie)

INSTRUKCJE:
CIASTO Z PARMEZANEM:
a) W robocie kuchennym wymieszaj mąkę, starty parmezan i sól. Dodaj zimne, pokrojone w kostkę masło i pulsuj, aż mieszanina będzie przypominać grube okruchy.

b) Stopniowo dodawaj wodę z lodem, po jednej łyżce na raz i ubijaj pulsacyjnie, aż ciasto się połączy. Uważaj, aby nie przesadzić z przetwarzaniem.

c) Ciasto wyłóż na blat posypany mąką, uformuj dysk, zawiń w folię i włóż do lodówki na co najmniej 30 minut.

POŻYWNY:
d) Rozgrzej piekarnik do 190°C (375°F).

e) W misce wymieszaj groszek, ser ricotta, tarty parmezan, posiekany koperek, skórkę z cytryny, sól i pieprz.

MONTAŻ:
f) Rozwałkuj schłodzone ciasto parmezanowe na posypanej mąką powierzchni w okrąg o średnicy około 12 cali.

g) Rozwałkowane ciasto przełożyć na wyłożoną pergaminem blachę do pieczenia.
h) Na środek ciasta nałóż nadzienie z groszku i ricotty, pozostawiając około 2 cm ciasta na brzegach.
i) Złóż brzegi ciasta na nadzienie, tworząc rustykalny, dowolny kształt.
j) Brzegi ciasta posmaruj roztrzepanym jajkiem, aby uzyskać złocisty kolor. Opcjonalnie posyp wierzch odrobiną parmezanu.

PIECZENIE:
k) Piec w nagrzanym piekarniku przez 30-35 minut lub do momentu, aż skórka będzie złotobrązowa, a nadzienie stwardnieje.
l) Wyjmij z piekarnika i pozostaw do ostygnięcia na kilka minut przed pokrojeniem.
m) galette z groszkiem, ricottą i koperkiem z ciastem parmezanowym!

57. Galette ze szparagami i szczypiorkiem

SKŁADNIKI:
DO SKORUPY:
- 1 ½ szklanki (180 g) niebielonej mąki uniwersalnej King Arthur
- ½ łyżeczki soli kuchennej
- 2 uncje (57 g) serka śmietankowego, zimnego
- 4 łyżki (57 g) niesolonego masła, zimnego
- 4 do 6 łyżek stołowych (57 g do 85 g) zimnej wody

DO WYPEŁNIENIA:
- 1 średni pęczek szparagów
- 2 do 3 łyżek stołowych (25 g do 35 g) oliwy z oliwek
- ¾ szklanki (170 g) sera ricotta
- 1 duże jajko
- ½ szklanki (57 g) startego parmezanu, podzielone
- ¼ szklanki (11 g) posiekanego świeżego szczypiorku
- 1 łyżeczka skórki cytrynowej (startej)

DO MYCIA JAJ:
- 1 duże jajko roztrzepane z 1 łyżką wody

INSTRUKCJE:
ZROBIĆ KRUSZTĘ:
a) Wymieszaj mąkę i sól.
b) Dodawaj zimny ser śmietankowy i masło, aż mieszanina będzie krucha.
c) Skropić 4 łyżkami zimnej wody, wymieszać, aby równomiernie zwilżyć. W razie potrzeby dodać pozostałą wodę, aby uzyskać zwarte ciasto.
d) Ciasto uformuj w dysk o grubości ¾ cala, zawiń i włóż do lodówki na 30 minut.

WYKONAJ NADZIENIE:
e) Rozgrzej piekarnik do 425°F.
f) Oderwij zdrewniałe łodygi od spodu szparagów i wrzuć włócznie do oliwy z oliwek, aby je pokryły.
g) Ułóż szparagi w jednej warstwie na wyłożonej pergaminem blasze do pieczenia i piecz przez 10 do 15 minut, aż lekko się zarumienią. Wyjąć i ostudzić do temperatury pokojowej. Szparagi pokroić na kawałki o wielkości 1 ½ cala.

h) W średniej misce wymieszaj ricottę, jajko, połowę parmezanu, szczypiorek i skórkę z cytryny.

ZŁÓŻ GALETĘ:
i) Na lekko posypanej mąką powierzchni rozwałkuj schłodzone ciasto na okrąg o średnicy 14 cali i przenieś go na wyłożoną pergaminem blachę do pieczenia.
j) Rozprowadź równomiernie mieszaninę ricotty na cieście, pozostawiając pasek o szerokości 2 cali odkryty wokół zewnętrznej krawędzi.
k) Na nadzieniu ułóż kawałki pieczonych szparagów.
l) Złóż gołe krawędzie ciasta w kierunku środka, zakładając w razie potrzeby.
m) Posmaruj odsłonięte ciasto rozmąconym jajkiem i posyp pozostałym parmezanem całą galette .

UPIEC:
n) Piec w nagrzanym piekarniku do temperatury 200°F przez 25 do 30 minut, aż skórka będzie złotobrązowa, a nadzienie będzie musujące.
o) Wyjmij z piekarnika i pozostaw do ostygnięcia na 10 minut przed podaniem na ciepło lub ostudź i podawaj w temperaturze pokojowej.
p) Galette przechowuj pod przykryciem i w lodówce do 1 tygodnia.

58. Galette z pomidorami, serem i oregano

SKŁADNIKI:
- 1 x 320 g gotowego ciasta francuskiego
- 3 łyżki zaprawy pomidorowej lub chutneyu
- 5 do 6 pomidorów (pokrojonych w cienkie plasterki)
- 1 łyżka kaparów
- 1 łyżka świeżo posiekanego oregano + dodatkowo do dekoracji
- 50 g drobno startego sera Cheddar
- Sól i pieprz do smaku
- Mleko, do posmarowania

INSTRUKCJE:
a) Rozgrzej piekarnik do 200°C/400°F/gaz 6. Wyłóż i/lub natłuść dużą blachę do pizzy lub blachę do pieczenia.
b) Gotowe ciasto pokroić na duży okrąg, pasujący do blachy, jeśli jest kwadratowa lub prostokątna. Połóż go na wierzchu papieru do pieczenia. Rozprowadź przyprawę lub chutney na cieście, prawie do krawędzi koła ciasta.
c) Na wierzchu ułóż pokrojone pomidory, posyp kaparami, posiekanym oregano i startym serem. Doprawić do smaku solą i czarnym pieprzem.
d) Podnieś brzegi ciasta i uformuj skórkę wokół nadzienia, patrz zdjęcia, aby tarta lub galette przypominała tartę z otwartą powierzchnią. Posmaruj ciasto mlekiem, aby je posmarować.
e) Piec przez 25 do 30 minut lub do czasu, aż ciasto będzie upieczone i napuchnięte, ser się roztopi, a pomidory będą ugotowane i prawie karmelizowane.
f) Podawaj natychmiast, pokrojony w ćwiartki, posypany świeżym oregano na wierzchu, z mieszanką sałat i/lub warzywami sezonowymi.

59. Galette z marchewką i serkiem śmietankowym

SKŁADNIKI:

CIASTO:
- 2 szklanki mąki migdałowej
- ⅔ szklanki mąki/skrobi z tapioki
- ½ łyżeczki soli
- 2 łyżki świeżego rozmarynu - posiekanego
- 8 łyżek zimnego masła
- 1 jajko

GALETTA:
- 4-6 średnich marchewek
- ½ łyżeczki soli
- 1 łyżka oliwy z oliwek
- 1 łyżka oleju sezamowego
- 8 uncji miękkiego serka śmietankowego
- 4 szalotki - posiekane
- płyn do jajek - 1 jajko + odrobina wody
- ¼ szklanki prażonych nasion sezamu
- ½ łyżeczki soli płatkowej

INSTRUKCJE:

a) W dużej misce wymieszaj mąkę migdałową, skrobię z tapioki, sól i posiekany rozmaryn.

b) Mieszaj do równomiernego połączenia . Zetrzyj lub pokrój zimne masło na małe kawałki.

c) Dodaj mieszaninę mąki migdałowej i zacznij ugniatać masło z mąką. Gdy konsystencja będzie przypominała mokry piasek, dodaj jajko i ugniataj, aż uzyskasz gładką kulę ciasta.

d) Owiń ciasto folią i włóż do zamrażarki na 30 minut lub do lodówki, aż będzie gotowe do użycia.

e) Gdy ciasto się chłodzi, za pomocą obieraczki do warzyw pokrój marchewki w długie paski. Pokrojone w plasterki marchewki włóż do miski z solą, oliwą z oliwek i olejem sezamowym. Wymieszaj, aby równomiernie się pokrył i odłóż na bok.

f) Połącz miękki ser śmietankowy z posiekanymi szalotkami i odłóż na bok.

g) Rozgrzej piekarnik do 425 stopni. Blachę do pieczenia wyłóż papierem pergaminowym.
h) Aby złożyć galette, połóż ciasto na blasze wyłożonej pergaminem.
i) Rozwałkuj ciasto na okrąg o średnicy około 11 cali. Posmaruj ciasto serkiem śmietankowym, pozostawiając 1-calowy czysty brzeg wokół krawędzi.
j) Na serek śmietankowy połóż marchewki, pamiętając o strząśnięciu nadmiaru wilgoci, która mogła wypłynąć z marchwi. Użyj pergaminu, aby pomóc zawinąć krawędzie ciasta galette nad nadzieniem.
k) Posmaruj spód rozmąconym jajkiem i posyp ziarnami sezamu. Piec na środkowej półce piekarnika przez 30-35 minut. Jeśli wierzchołki marchewek zaczną się przypalać, na ostatnie minuty włóż do galette kawałek folii.
l) Wyjmij galette z piekarnika i pozostaw do ostygnięcia na 10-15 minut. Na koniec posyp solą płatkową i podawaj na ciepło!

60. Galette Jeżynowo-Miętowa

SKŁADNIKI:
DO SKORUPY:
- 1 Mąkę o wszechstronnym przeznaczeniu
- 2 łyżki mąki kukurydzianej
- 4 łyżki masła lub masła wegańskiego
- 5-6 łyżek wody z lodem
- 1 łyżka cukru kokosowego + więcej do posypania ciasta
- ¼ łyżeczki soli

DO WYPEŁNIENIA:
- 2 szklanki świeżych jeżyn
- 2 łyżki świeżej mięty, drobno posiekanej
- 2 łyżki cukru kokosowego
- ½ cytryny, wyciśnięty sok
- 1 łyżka skrobi kukurydzianej

INSTRUKCJE:
PRZYGOTUJ SKÓRKĘ:
a) W dużej misce wymieszaj mąkę, mąkę kukurydzianą, cukier kokosowy i sól.
b) Dodaj 4 łyżki bardzo zimnego masła i pokrój je z mąką za pomocą widelca lub noża na kruszonkę.
c) Dodawaj lodowatą wodę po 2 łyżki na raz, mieszając, aż ciasto zacznie się sklejać.
d) Z ciasta uformuj okrąg lub spłaszczony okrąg, zawiń go w papier pergaminowy i wstaw do lodówki na 45 minut do 1 godziny.
e) Rozgrzej piekarnik do 325°F.
f) Gdy ciasto ostygnie, w misce wymieszaj jeżyny z miętą, sokiem z cytryny, cukrem kokosowym i skrobią kukurydzianą. Pozostaw na 30 minut.

ROZWAŁKOWAĆ CIASTO:
g) Gdy ciasto ostygnie, rozwałkuj je na arkuszu papieru pergaminowego, uformuj okrąg o grubości około ¼ cala.
h) Zrób dziury w cieście i nałóż na środek masę jeżynową.
i) Złóż krawędzie, aby zamknąć jeżyny, formując je rękami.
j) Posmaruj brzegi ciasta roztopionym masłem (lub masłem wegańskim) i posyp cukrem palmowym kokosowym.

UPIEC:
k) Przenieś galette i papier pergaminowy na blachę do pieczenia i piecz przez 45 minut lub do złotego koloru.
l) Po tym czasie galette odstawiamy na co najmniej 10 minut do ostygnięcia.

61. Galette z tymiankiem cytrynowym i jagodami

SKŁADNIKI:
- 1 arkusz ciasta francuskiego kupionego w sklepie, rozmrożonego
- 2 szklanki świeżych jagód
- Skórka z 1 cytryny
- 2 łyżki soku z cytryny
- 1/4 szklanki granulowanego cukru
- 1 łyżka skrobi kukurydzianej
- 1 łyżka świeżych liści tymianku
- 1 roztrzepane jajko (do posmarowania jajek)
- Cukier puder do posypania (opcjonalnie)

INSTRUKCJE:
a) Rozgrzej piekarnik do 190°C i wyłóż blachę do pieczenia papierem pergaminowym.
b) W misce wymieszaj świeże jagody, skórkę z cytryny, sok z cytryny, cukier granulowany, skrobię kukurydzianą i liście świeżego tymianku. Delikatnie mieszaj, aż jagody równomiernie się nimi pokryją.
c) Rozmrożony arkusz ciasta francuskiego rozwałkować na lekko posypanej mąką powierzchni na szorstki okrąg o średnicy około 12 cali.
d) Rozwałkowane ciasto francuskie przełożyć na przygotowaną blachę.
e) Nałóż masę jagodową na środek ciasta francuskiego, pozostawiając około 2-calowe marginesy na krawędziach.
f) Złóż brzegi ciasta francuskiego na jagody, zakładając w razie potrzeby, aby uzyskać rustykalny kształt galette.
g) Brzegi ciasta posmaruj roztrzepanym jajkiem, aby po upieczeniu nabrało złotego koloru.
h) Piec w nagrzanym piekarniku przez 25-30 minut lub do momentu, aż ciasto będzie złotobrązowe, a jagody zaczną bulgotać.
i) Wyjmij z piekarnika i przed podaniem poczekaj, aż galette lekko ostygnie.
j) Opcjonalnie przed podaniem posypujemy cukrem pudrem.
k) Galette z tymiankiem cytrynowym i jagodami!

62. Galette z bazylią i pomidorami wiśniowymi

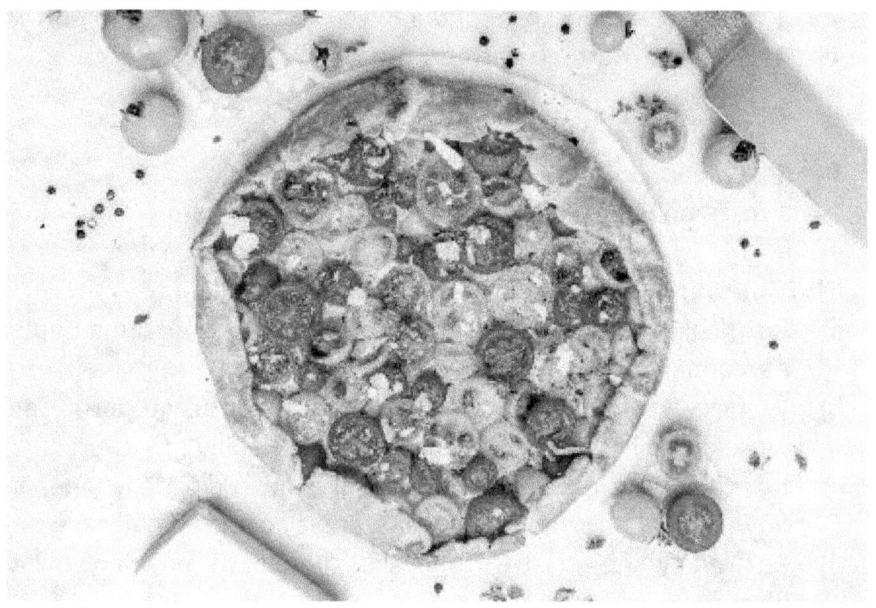

SKŁADNIKI:
- 1 arkusz ciasta francuskiego kupionego w sklepie, rozmrożonego
- 2 szklanki pomidorków koktajlowych, przekrojonych na połówki
- 1/4 szklanki startego parmezanu
- 2 łyżki posiekanych świeżych liści bazylii
- 1 łyżka oliwy z oliwek
- Sól i pieprz do smaku
- 1 roztrzepane jajko (do posmarowania jajek)

INSTRUKCJE:
a) Rozgrzej piekarnik do 190°C i wyłóż blachę do pieczenia papierem pergaminowym.
b) W misce wymieszaj pomidorki koktajlowe z tartym parmezanem, posiekanymi liśćmi bazylii, oliwą z oliwek, solą i pieprzem.
c) Rozwałkuj arkusz ciasta francuskiego na lekko posypanej mąką powierzchni na szorstki okrąg o średnicy około 12 cali.
d) Rozwałkowane ciasto francuskie przełożyć na przygotowaną blachę.
e) Rozprowadź równomiernie mieszankę pomidorków koktajlowych na cieście francuskim, pozostawiając około 2-calowe marginesy wokół krawędzi.
f) Złóż brzegi ciasta francuskiego na pomidorki koktajlowe, zakładając w razie potrzeby, aby uzyskać rustykalny kształt galette
.
g) Brzegi ciasta posmaruj roztrzepanym jajkiem, aby po upieczeniu nabrało złotego koloru.
h) Piec w nagrzanym piekarniku przez 25-30 minut lub do momentu, aż ciasto będzie złotobrązowe, a pomidorki koktajlowe zmiękną .
i) Wyjąć z piekarnika i przed podaniem lekko ostudzić.
j) Pokrój i ciesz się pyszną galette z bazylią i pomidorami wiśniowymi !

63. Galette z kolendrą i limonką kukurydzianą

SKŁADNIKI:
- 1 arkusz ciasta francuskiego kupionego w sklepie, rozmrożonego
- 2 szklanki świeżych lub mrożonych ziaren kukurydzy
- Skórka z 1 limonki
- 2 łyżki soku z limonki
- 1/4 szklanki posiekanej świeżej kolendry
- 1/4 szklanki pokruszonego sera cotija (lub sera feta)
- Sól i pieprz do smaku
- 1 roztrzepane jajko (do posmarowania jajek)

INSTRUKCJE:
a) Rozgrzej piekarnik do 190°C i wyłóż blachę do pieczenia papierem pergaminowym.
b) W misce wymieszaj ziarna kukurydzy, skórkę z limonki, sok z limonki, posiekaną kolendrę, pokruszony ser cotija, sól i pieprz.
c) Rozwałkuj arkusz ciasta francuskiego na lekko posypanej mąką powierzchni na szorstki okrąg o średnicy około 12 cali.
d) Rozwałkowane ciasto francuskie przełożyć na przygotowaną blachę.
e) Rozłóż równomiernie mieszankę kukurydzianą na cieście francuskim, pozostawiając około 2-calowe brzegi wokół krawędzi.
f) Złóż brzegi ciasta francuskiego na mieszankę kukurydzianą, zakładając w razie potrzeby, aby uzyskać rustykalny kształt galette.
g) Brzegi ciasta posmaruj roztrzepanym jajkiem, aby po upieczeniu nabrało złotego koloru.
h) Piec w nagrzanym piekarniku przez 25-30 minut lub do momentu, aż ciasto będzie złotobrązowe, a kukurydza się podgrzeje.
i) Wyjąć z piekarnika i przed podaniem lekko ostudzić.
j) Galette z kolendrą i limonką !

64. Galette z szałwią i dynią piżmową

SKŁADNIKI:
- 1 arkusz ciasta francuskiego kupionego w sklepie, rozmrożonego
- 2 szklanki pokrojonej w kostkę dyni piżmowej
- 2 łyżki oliwy z oliwek
- 1 łyżka posiekanych świeżych liści szałwii
- 1/4 szklanki startego parmezanu
- Sól i pieprz do smaku
- 1 roztrzepane jajko (do posmarowania jajek)

INSTRUKCJE:
a) Rozgrzej piekarnik do 190°C i wyłóż blachę do pieczenia papierem pergaminowym.
b) W misce wymieszaj pokrojoną w kostkę dynię piżmową z oliwą z oliwek, posiekanymi liśćmi szałwii, startym parmezanem, solą i pieprzem.
c) Rozprowadź równomiernie mieszankę dyni piżmowej na cieście francuskim, pozostawiając około 2-calowe brzegi wokół krawędzi.
d) Rozwałkuj arkusz ciasta francuskiego na lekko posypanej mąką powierzchni na szorstki okrąg o średnicy około 12 cali.
e) Rozwałkowane ciasto francuskie przełożyć na przygotowaną blachę.
f) Złóż brzegi ciasta francuskiego na mieszankę dyni piżmowej, zakładając w razie potrzeby, aby uzyskać rustykalny kształt galette.
g) Brzegi ciasta posmaruj roztrzepanym jajkiem, aby po upieczeniu nabrało złotego koloru.
h) Piec w nagrzanym piekarniku przez 25-30 minut lub do momentu, aż ciasto będzie złotobrązowe, a dynia piżmowa miękka.
i) Wyjąć z piekarnika i przed podaniem lekko ostudzić.
j) Galette z szałwią i dynią piżmową !

65. Galette z miętowym groszkiem i fetą

SKŁADNIKI:
- 1 arkusz ciasta francuskiego kupionego w sklepie, rozmrożonego
- 2 szklanki świeżego lub mrożonego groszku
- 1/4 szklanki pokruszonego sera feta
- 2 łyżki posiekanych świeżych liści mięty
- Skórka z 1 cytryny
- Sól i pieprz do smaku
- 1 roztrzepane jajko (do posmarowania jajek)

INSTRUKCJE:
a) Rozgrzej piekarnik do 190°C i wyłóż blachę do pieczenia papierem pergaminowym.
b) W misce wymieszaj groszek, pokruszony ser feta, posiekane liście mięty, skórkę z cytryny, sól i pieprz.
c) Rozwałkuj arkusz ciasta francuskiego na lekko posypanej mąką powierzchni na szorstki okrąg o średnicy około 12 cali.
d) Rozwałkowane ciasto francuskie przełożyć na przygotowaną blachę.
e) Rozłóż mieszaninę groszku równomiernie na cieście francuskim, pozostawiając około 2-calowe brzegi wokół krawędzi.
f) Złóż brzegi ciasta francuskiego na mieszankę groszku, zakładając w razie potrzeby, aby uzyskać rustykalny kształt galette.
g) Brzegi ciasta posmaruj roztrzepanym jajkiem, aby po upieczeniu nabrało złotego koloru.
h) Piec w nagrzanym piekarniku przez 25-30 minut lub do momentu, aż ciasto będzie złotobrązowe, a groszek miękki.
i) Wyjąć z piekarnika i przed podaniem lekko ostudzić.
j) Pokrój i ciesz się orzeźwiającą Galette z miętowym groszkiem i fetą !

66. Galette Ziemniaczano-Rozmarynowo-Cytrynowa

SKŁADNIKI:
- 1 arkusz ciasta francuskiego kupionego w sklepie, rozmrożonego
- 2 szklanki pokrojonych w cienkie plasterki ziemniaków
- Skórka z 1 cytryny
- 2 łyżki posiekanych świeżych liści rozmarynu
- 1/4 szklanki startego parmezanu
- Sól i pieprz do smaku
- 1 roztrzepane jajko (do posmarowania jajek)

INSTRUKCJE:
a) Rozgrzej piekarnik do 190°C i wyłóż blachę do pieczenia papierem pergaminowym.
b) W misce wymieszaj pokrojone w cienkie plasterki ziemniaki ze skórką z cytryny, posiekanymi liśćmi rozmarynu, tartym parmezanem, solą i pieprzem.
c) Rozwałkuj arkusz ciasta francuskiego na lekko posypanej mąką powierzchni na szorstki okrąg o średnicy około 12 cali.
d) Rozwałkowane ciasto francuskie przełożyć na przygotowaną blachę.
e) Rozłóż mieszaninę ziemniaków równomiernie na cieście francuskim, pozostawiając około 2-calowe brzegi wokół krawędzi.
f) Złóż brzegi ciasta francuskiego na masę ziemniaczaną, zakładając w razie potrzeby, aby uzyskać rustykalny kształt galette.
g) Brzegi ciasta posmaruj roztrzepanym jajkiem, aby po upieczeniu nabrało złotego koloru.
h) Piec w nagrzanym piekarniku przez 25-30 minut lub do momentu, aż ciasto będzie złotobrązowe, a ziemniaki miękkie.
i) Wyjąć z piekarnika i przed podaniem lekko ostudzić.
j) Pokrój i ciesz się aromatyczną Galette Ziemniaczano-Cytrynowo-Rozmarynową!

67. Galette z karmelizowaną szalotką i tymiankiem

SKŁADNIKI:
- 1 arkusz ciasta francuskiego kupionego w sklepie, rozmrożonego
- 4 szalotki, pokrojone w cienkie plasterki
- 2 łyżki masła
- 1 łyżka oliwy z oliwek
- 2 łyżki świeżych liści tymianku
- Sól i pieprz do smaku
- 1 roztrzepane jajko (do posmarowania jajek)

INSTRUKCJE:
a) Rozgrzej piekarnik do 190°C i wyłóż blachę do pieczenia papierem pergaminowym.
b) Na patelni rozgrzej masło i oliwę z oliwek na średnim ogniu. Dodaj cienko pokrojone szalotki i smaż, mieszając od czasu do czasu, aż do karmelizacji, około 15-20 minut.
c) Rozwałkuj arkusz ciasta francuskiego na lekko posypanej mąką powierzchni na szorstki okrąg o średnicy około 12 cali.
d) Rozwałkowane ciasto francuskie przełożyć na przygotowaną blachę.
e) Rozłóż karmelizowane szalotki równomiernie na cieście francuskim, pozostawiając około 2-calowe brzegi wokół krawędzi.
f) Posyp szalotkę listkami świeżego tymianku. Dopraw solą i pieprzem do smaku.
g) Złóż brzegi ciasta francuskiego na szalotki, zakładając w razie potrzeby, aby uzyskać rustykalny kształt galette.
h) Brzegi ciasta posmaruj roztrzepanym jajkiem, aby po upieczeniu nabrało złotego koloru.
i) Piec w nagrzanym piekarniku przez 25-30 minut lub do momentu, aż ciasto będzie złotobrązowe.
j) Wyjąć z piekarnika i przed podaniem lekko ostudzić.

68. Galette Brie i Sage z Karmelizowaną Cebulą

SKŁADNIKI:
- 1 arkusz ciasta francuskiego kupionego w sklepie, rozmrożonego
- 1 duża cebula, pokrojona w cienkie plasterki
- 2 łyżki masła
- 1 łyżka oliwy z oliwek
- 6 uncji sera Brie, pokrojonego w plasterki
- 2 łyżki posiekanych świeżych liści szałwii
- Sól i pieprz do smaku
- 1 roztrzepane jajko (do posmarowania jajek)

INSTRUKCJE:
a) Rozgrzej piekarnik do 190°C i wyłóż blachę do pieczenia papierem pergaminowym.
b) Na patelni rozgrzej masło i oliwę z oliwek na średnim ogniu. Dodaj cienko pokrojoną cebulę i smaż, mieszając od czasu do czasu, aż do karmelizacji, około 15-20 minut.
c) Rozwałkuj arkusz ciasta francuskiego na lekko posypanej mąką powierzchni na szorstki okrąg o średnicy około 12 cali.
d) Rozwałkowane ciasto francuskie przełożyć na przygotowaną blachę.
e) Na cieście francuskim ułóż pokrojony ser Brie, pozostawiając około 2-calowe marginesy na krawędziach.
f) Rozłóż karmelizowaną cebulę równomiernie na serze Brie.
g) Posyp cebulę posiekanymi liśćmi szałwii. Dopraw solą i pieprzem do smaku.
h) Złóż brzegi ciasta francuskiego na nadzienie, zakładając w razie potrzeby, aby uzyskać rustykalny kształt galette.
i) Brzegi ciasta posmaruj roztrzepanym jajkiem, aby po upieczeniu nabrało złotego koloru.
j) Piec w nagrzanym piekarniku przez 25-30 minut lub do momentu, aż ciasto będzie złotobrązowe.
k) Wyjąć z piekarnika i przed podaniem lekko ostudzić.
l) Pokrój i ciesz się pyszną galette Brie i szałwią z karmelizowaną cebulą!

PIKANTNE GALETY

69. Galette Jabłkowa z Przyprawami Chai

SKŁADNIKI:
- 2 szklanki + 1 łyżka mąki zwykłej
- 2 łyżki cukru kokosowego
- ½ łyżeczki soli
- ⅔ szklanki + 2 łyżki masła
- ½ szklanki lodowatej wody
- ½ szklanki mąki migdałowej

NADZIENIE JABŁKOWE
- 3 galowe jabłka
- ¼ szklanki cukru kokosowego
- 1 łyżeczka mielonego cynamonu
- 1 łyżeczka mielonego imbiru
- ½ łyżeczki mielonej gałki muszkatołowej
- ½ łyżeczki mielonego kardamonu
- 2 łyżki skrobi marantowej
- 2 łyżeczki skórki pomarańczowej
- 2 łyżki soku pomarańczowego

INSTRUKCJE:
ZROB ciasto
a) Do robota kuchennego dodaj mąkę, cukier i sól i wymieszaj.
b) Dodaj masło, pulsuj, aż utworzą się drobne okruszki, następnie przy włączonym robocie kuchennym, wlej wodę i miksuj tylko do momentu, aż uformuje się duża kula.
c) Wyjmij ciasto i szybko uformuj je w mały krążek.
d) Zawiń szczelnie w folię i włóż do lodówki na ponad 1 godzinę.

PRZYGOTUJ NADZIENIE
e) W międzyczasie wszystkie składniki nadzienia, z wyjątkiem mąki migdałowej, wymieszaj w misce i odłóż na bok.

STWÓRZ GALETĘ
f) Po 1 godzinie wyjąć ciasto z lodówki.
g) Ciasto włożyć pomiędzy 2 arkusze papieru do pieczenia i ostrożnie rozwałkować na prostokąt.
h) Zdejmij górny arkusz papieru do pieczenia i umieść ciasto (wciąż na dolnym kawałku papieru do pieczenia) na blasze do pieczenia.

i) Rozłóż na cieście mączkę migdałową, pozostawiając 5 cm margines (zostanie zwinięty w spód), a następnie posyp mieszanką jabłkową.
j) Teraz złóż boki galette.
k) Po złożeniu na pierwszej krawędzi obróć galette, wykonaj kolejne złożenie i kontynuuj, aż wrócisz do miejsca, w którym zacząłeś.
l) Posmaruj wierzch ciasta dodatkowym roztopionym masłem i oliwą z oliwek lub wytłuść mleko, posyp płatkami migdałów lub cukrem nierafinowanym.
m) Teraz włóż galette (na blasze do pieczenia) z powrotem do lodówki na minimum 30 minut, a następnie rozgrzej piekarnik.

UPIEC

n) Rozgrzej piekarnik do 200°C (390°F), następnie włóż galette do piekarnika i piecz przez 10 minut.
o) Zmniejsz temperaturę do 175 C (350 F), następnie piecz przez kolejne 30-35 minut.
p) Podawać od razu z lodami lub pozostawić do ostygnięcia i pokroić w plasterki.

70. Galette Brzoskwiniowa w pięciu smakach

SKŁADNIKI:

- 180 g (6,3 uncji) zwykłej (uniwersalnej) mąki plus dodatkowa ilość do podsypywania
- 160 g (5,6 uncji) niesolonego masła, schłodzonego
- 2 łyżeczki surowego granulowanego cukru
- ½ łyżeczki soli morskiej
- 1 łyżeczka mielonego imbiru
- 1 łyżka octu jabłkowego
- 2 łyżki wody, schłodzonej

NADZIENIE BRZOSKWINIOWE PIĘCIU PRZYPRAW

- 4 brzoskwinie, bez pestek, pokrojone w cienkie plasterki
- 2 łyżki cukru białego
- ½ cytryny, wyciśnięty sok
- 1 łyżeczka chińskiej pięciu przypraw
- 2 łyżki dżemu morelowego
- 1 łyżeczka mąki kukurydzianej (skrobi kukurydzianej)

INSTRUKCJE:

a) Aby przygotować spód ciasta, włóż mąkę, masło, cukier i sól do robota kuchennego. Miksuj, aż konsystencja będzie przypominać bułkę tartą. Następnie dodaj zmielony imbir, ocet jabłkowy i wodę i kontynuuj ubijanie, aż ciasto się uformuje.

b) Ciasto przełożyć na blat posypany mąką i ugniatać przez 2 minuty, aż będzie gładkie. Dłońmi uformuj krążek o średnicy 10 cm, następnie zawiń w folię spożywczą i włóż do lodówki na 1 godzinę.

c) Gdy ciasto będzie już prawie gotowe, rozgrzej piekarnik do 200°C (390°F). W dużej misce wymieszaj plasterki brzoskwiń, cukier i sok z cytryny. Dodaj pięć przypraw i dżem morelowy, a następnie wymieszaj, aż składniki się połączą. Odłóż na bok.

d) Wyjąć ciasto z lodówki. Na duży arkusz papieru do pieczenia posyp niewielką ilością mąki, a następnie połóż na nim ciasto.

e) Przenieść na płaską blachę. Rozwałkuj ciasto na gruby okrąg o średnicy około 40 cm (15,5 cala) i grubości około 1 cm (⅜ cala).

f) Posyp ciasto mąką kukurydzianą – pomoże to odciągnąć nadmiar soku i zapobiegniesz rozmoczeniu ciasta na spodzie.

g) Zaczynając od środka, ułóż i rozłóż plasterki brzoskwiń w kształcie wiatraczka, pozostawiając około 7 cm (2¾") brzegów wokół krawędzi.
h) Złóż krawędzie ciasta, aby utworzyć galette , odsłaniając około 15 cm (6 cali) mieszanki owocowej pośrodku.
i) Przenieś blachę do piekarnika. Piec przez 40 minut lub do momentu, aż ciasto będzie złociste i chrupiące. Podawać z lodami.

71. Galette z pomidorami i jalapeno

SKŁADNIKI:
CIASTO:
- 1 szklanka mąki
- ¼ łyżeczki soli
- ½ szklanki schłodzonego masła, pokrojonego w kostkę
- 4 uncje serka śmietankowego pokrojonego w kostkę
- 2-3 łyżki lodowatej wody

POŻYWNY:
- 4 uncje serka śmietankowego, zmiękczonego.
- 2 ząbki czosnku, drobno posiekane
- 1 łyżka posiekanej kolendry
- 1 pieczona papryczka jalapeno, pokryta pęcherzami, następnie drobno posiekana
- szczypta soli
- ½ szklanki posiekanej mieszanki cheddara i jacka Monterey
- pokrojony pomidor

INSTRUKCJE:
CIASTO:
a) Przesiej mąkę i sól, następnie za pomocą blendera cukierniczego pokrój serek śmietankowy i masło.
b) Dodajemy tyle wody, żeby wszystko się połączyło.
c) Spłaszczyć i włożyć do lodówki na kilka godzin, zawinięte w folię spożywczą.
d) W międzyczasie przygotuj nadzienie:

POŻYWNY:
e) Gdy będzie gotowy do użycia, rozwałkuj go na szorstki okrąg, połóż na blasze do pizzy i rozgrzej piekarnik do 350 stopni.
f) Wymieszaj serek śmietankowy, czosnek, kolendrę, posiekane jalapeno i sól. Rozsmaruj na dnie ciasta, kilka centymetrów od krawędzi.
g) Posyp ½ szklanki startego sera, a na wierzchu ułóż pomidory.
h) Posyp jeszcze odrobiną sera. Zawiń brzegi ciasta.
i) Piec przez 30-35 minut, aż będzie złociste i musujące. Pokrój w kliny i podawaj.

72. Galette z zimowymi owocami i piernikiem

SKŁADNIKI:
CIASTO:
- 2 ¼ szklanki mąki
- 2 łyżeczki cukru
- ¾ łyżeczki soli
- ½ szklanki drobnej mąki kukurydzianej
- ½ łyżeczki mieszanki przypraw
- 1 łyżeczka mielonego imbiru
- ½ łyżeczki mielonego cynamonu
- 14 łyżek masła, zimnego
- 3,4 uncji płynu, zimnej wody
- 6 łyżek kwaśnej śmietany

KARMELIZOWANE OWOCE ZIMOWE:
- ⅓ szklanki cukru
- 3,4 uncji płynu wody
- 1 laska wanilii (strąk), przecięta wzdłuż, wyskrobane nasiona
- 2 laski cynamonu
- 2 goździki
- 4 strąki kardamonu
- 1 duży ząbek czosnku
- 4-gwiazdkowy anyż
- ⅔ szklanki kumkwatu
- 1 persymona
- 3 jabłka Bramley
- ⅔ szklanki suszonych moreli
- ⅔ szklanki suszonych śliwek
- ⅓ szklanki suszonej żurawiny

PIERNIK:
- ½ szklanki masła
- ½ szklanki miękkiego, ciemnobrązowego cukru
- Skórka z 1 pomarańczy
- 2 duże jajka
- ¼ szklanki mąki
- 1 łyżeczka mielonego imbiru
- ¼ łyżeczki zmielonej mieszanki przypraw
- ¼ łyżeczki mielonego cynamonu

- 1 szklanka zmielonych migdałów

GARNIRUNEK:
- 3 duże białka jaj
- ½ szklanki cukru pudru

INSTRUKCJE:
CIASTO:
a) Do miski przesiać mąkę, cukier, sól, mąkę kukurydzianą, mieszankę przypraw, mielony imbir i cynamon. Masło pokroić w drobną kostkę i wcierać w mieszankę mączną, aż konsystencja będzie przypominała drobną bułkę tartą.
b) Dodać zimną wodę i kwaśną śmietanę i zagnieść gładkie ciasto. Zawinąć w folię spożywczą i schłodzić do twardości, około 30 minut.

KARMELIZOWANE OWOCE ZIMOWE:
c) W rondelku o grubym dnie wymieszaj wszystkie składniki na syrop. Doprowadzić do wrzenia, po czym zmniejszyć ogień i pozostawić do zagotowania. W międzyczasie przekrój kumkwat na pół, persimmonę pokrój na kawałki, obierz jabłka i za pomocą paryskiej łyżki pokrój jabłka w małe kulki.
d) W osobnym garnku z wrzącą wodą blanszuj kumkwaty, aż skórki lekko zmiękną, około 3 minut, odcedź i zachowaj.
e) Do gotującego się syropu dodaj suszone morele, gotuj przez pięć minut, następnie dodaj suszone śliwki i kumkwat, gotuj przez kolejne dwie minuty, po czym dodaj kulki jabłkowe i suszoną żurawinę. Kontynuuj gotowanie, aż owoce będą miękkie, około trzech do pięciu minut.
f) Zdejmij patelnię z ognia i pozostaw do ostygnięcia. Odcedź owoce i zachowaj. Wyrzucić całe przyprawy. Syrop ponownie podgrzej i redukuj aż do uzyskania konsystencji syropu.

PIERNIK:
g) Utrzyj masło, brązowy cukier i skórkę pomarańczową. Stopniowo dodawaj jajka, dobrze mieszając po każdym dodaniu.
h) Przesiej mąkę, dodaj imbir, mieszankę przypraw, cynamon i mielone migdały i wymieszaj z maślaną masą. Przechowywać w lodówce do momentu użycia.

MONTAŻ GALETTY:

i) Rozgrzej piekarnik do 190°C. Na posypanym mąką blacie rozwałkuj schłodzone ciasto na grubość 3 cm.

j) Pokroić w okrąg o średnicy 30 cm. Blaszkę do pieczenia wyłóż pergaminem, połóż na niej metalowy pierścień o średnicy 25 cm i ułóż ciasto pośrodku. Białkami posmaruj wewnętrzne krawędzie ciasta.

k) Przełóż masę piernikową do ciasta i posyp gotowanymi owocami, zachowując niewielką ilość do dekoracji. Zlep brzegi ciasta tak, aby środek był odsłonięty.

l) Posmaruj białkiem jaja, posyp cukrem pudrem i piecz na złoty kolor, około 25 minut. Około 5 minut przed całkowitym ugotowaniem tarty posmaruj pozostałym syropem i połóż na wierzchu zarezerwowane owoce.

SŁUŻYĆ:

m) Wyjmij z piekarnika i pozostaw na 5 minut do lekkiego ostygnięcia, przesuń nożem wokół krawędzi metalowego pierścienia, aby poluzować, a następnie wyjmij.

73. Galette Migdałowo-Molowa Z Przyprawą Kardamonu

SKŁADNIKI:
DO SKORUPY:
- 1 ¼ szklanki mąki
- ½ łyżki cukru
- ½ łyżeczki drobnej soli
- 1 kostka niesolonego masła, bardzo zimnego

DO WYPEŁNIENIA:
- 7 moreli, przekrojonych na pół, wypestkowanych i pokrojonych w cienkie plasterki (nie trzeba ich obierać)
- ½ szklanki ciemnobrązowego cukru
- ⅛ łyżeczki soli koszernej
- ¼ łyżeczki ekstraktu waniliowego
- ¼ łyżeczki ekstraktu migdałowego
- 2 łyżeczki soku z cytryny
- 4 łyżki skrobi kukurydzianej
- ¼ łyżeczki mielonego kardamonu

DO WYKOŃCZENIA CIAŁA:
- masa jajeczna (1 roztrzepane jajko i 1 łyżka wody)
- cukier Turbinado
- 3 łyżki posiekanych migdałów

INSTRUKCJE:
DO SKORUPY:
a) Napełnij filiżankę ½ szklanki wody i wrzuć kilka kostek lodu; Odłóż ją na bok. W dużej misce wymieszaj mąkę, cukier i sól. Bardzo zimne, niesolone masło pokroić w kostkę o grubości ½ cala.
b) Posyp kostki masła mąką i rozpocznij ich wyrabianie za pomocą blendera lub widelca, używając go do nabierania i rozprowadzania mieszanki w razie potrzeby, tak aby wszystkie części były równomiernie przerabiane, aż wszystkie kawałki masła będą wielkości małego groszku.
c) Zacznij od skropienia ¼ szklanki lodowatej wody (ale nie kostek) na mieszaninę masła i mąki. Za pomocą gumowej szpatułki zagnieść ciasto. Prawdopodobnie będziesz potrzebować dodatkowej ¼ szklanki zimnej wody, aby połączyć składniki, ale dodawaj je po łyżce na raz.
d) Kiedy już zaczniesz wyciągać duże grudki szpatułką, zacznij łączyć ciasto rękami. Zbierz grudki w jeden kopczyk, delikatnie je ugniatając. Uformuj go w dysk i zawiń w plastikową folię. Schłodzić przez co najmniej godzinę.

DO WYPEŁNIENIA:
e) W czasie gdy ciasto się chłodzi, przygotuj nadzienie. Do średniej miski włóż wszystkie składniki nadzienia i delikatnie mieszaj, aż wszystko się połączy, a owoce równomiernie pokryją się przyprawami. Spróbuj i dostosuj smaki według potrzeb. Odstawić i pozostawić do maceracji, aż ciasto ostygnie.
f) Rozgrzej piekarnik do 400 stopni ze stojakiem pośrodku. Blachę do pieczenia wyłóż papierem do pieczenia lub matą silikonową i odłóż na bok.
g) Gdy ciasto będzie już dobrze schłodzone, wyjmij je z lodówki. Na lekko posypanej mąką powierzchni rozwałkuj ciasto na okrąg o średnicy około 14 cali i grubości około ⅛ cala. Delikatnie złóż ciasto na ćwiartki i strzepnij nadmiar mąki. Ciasto przełożyć na środek przygotowanej blachy i rozłożyć. Nie ma problemu, jeśli zwisa z krawędzi blachy do pieczenia.

h) Ułóż mieszankę morelową na środku ciasta, pozostawiając 2-3 cale ciasta na krawędziach. Jeśli w misce zebrał się sok, wylej go na środek owocu.
i) Weź kawałek luźnego ciasta i złóż go na nadzieniu w kierunku środka galette . Kontynuuj pracę wokół galette , pozwalając, aby ciasto zwinęło się w miejscu, w którym wydaje się naturalne, i utwórz kilka zakładek tam, gdzie to konieczne. Kontynuuj, aż wykorzystasz cały nadmiar ciasta i utworzysz brzeg skórki otaczający owoc w środku.
j) Brzegi i boki ciasta posmaruj jajkiem i obficie posyp cukrem w kształcie turbanu i pokrojonymi migdałami. Włóż blachę do pieczenia do lodówki i schładzaj galette przez co najmniej 30 minut lub do godziny.
k) Piecz galette przez 35-45 minut lub do czasu, aż skórka będzie złotobrązowa, a owoce musujące. Pozostawiamy do ostygnięcia na blasze do pieczenia na 5 minut, a następnie delikatnie za pomocą papieru do pieczenia podnosimy galette i przekładamy ją na kratkę do studzenia. Do podania pokrój go w grube plastry. Gorąco polecam podawać z gałką lodów waniliowych.

74. Galette ze słodkich ziemniaków i czarnej fasoli Chipotle

SKŁADNIKI:
- 1 arkusz ciasta francuskiego kupionego w sklepie, rozmrożonego
- 2 szklanki ugotowanych i puree ze słodkich ziemniaków
- 1 szklanka ugotowanej czarnej fasoli
- 1 papryczka chipotle w sosie adobo, posiekana
- 1 łyżeczka mielonego kminku
- 1/2 łyżeczki chili w proszku
- Sól i pieprz do smaku
- 1 roztrzepane jajko (do posmarowania jajek)
- Liście świeżej kolendry do dekoracji (opcjonalnie)

INSTRUKCJE:
a) Rozgrzej piekarnik do 190°C i wyłóż blachę do pieczenia papierem pergaminowym.
b) W misce wymieszaj puree ze słodkich ziemniaków, czarną fasolę, mieloną paprykę chipotle, mielony kminek, chili w proszku, sól i pieprz.
c) Rozwałkuj arkusz ciasta francuskiego na lekko posypanej mąką powierzchni na szorstki okrąg o średnicy około 12 cali.
d) Rozwałkowane ciasto francuskie przełożyć na przygotowaną blachę.
e) Rozłóż równomiernie mieszankę słodkich ziemniaków i czarnej fasoli na cieście francuskim, pozostawiając około 2-calowe brzegi wokół krawędzi.
f) Złóż brzegi ciasta francuskiego na nadzienie, zakładając w razie potrzeby, aby uzyskać rustykalny kształt galette.
g) Brzegi ciasta posmaruj roztrzepanym jajkiem.
h) Piec w nagrzanym piekarniku przez 25-30 minut lub do momentu, aż ciasto będzie złotobrązowe.
i) Wyjąć z piekarnika i przed podaniem lekko ostudzić.
j) W razie potrzeby udekoruj świeżymi liśćmi kolendry.
k) Pokrój i ciesz się aromatyczną Galette ze słodkich ziemniaków Chipotle i czarnej fasoli !

GALETY CZEKOLADOWE

75. Galette Czekoladowa Nutella

SKŁADNIKI:

- 1 gotowy spód ciasta
- 1/2 szklanki Nutelli
- 1/4 szklanki posiekanych orzechów laskowych
- 1 roztrzepane jajko (do posmarowania jajek)
- Cukier puder (do posypania)

INSTRUKCJE:

a) Rozgrzej piekarnik do 190°C (375°F).
b) Ciasto rozwałkować na blasze wyłożonej papierem do pieczenia.
c) Rozłóż Nutellę równomiernie na środku ciasta .
d) Posyp posiekanymi orzechami laskowymi Nutellę.
e) Złóż brzegi ciasta na nadzienie Nutella, tworząc rustykalną ramkę.
f) Brzegi ciasta posmaruj roztrzepanym jajkiem.
g) Piec przez 20-25 minut lub do momentu, aż skórka stanie się złotobrązowa.
h) Pozwól galette lekko ostygnąć przed posypaniem cukrem pudrem. Podawać na ciepło.

76. Galette Czekoladowo-Malinowa

SKŁADNIKI:

- 1 gotowy spód ciasta czekoladowego
- 1 szklanka półsłodkich kawałków czekolady
- 1 szklanka świeżych malin
- 1 łyżka cukru granulowanego
- 1 roztrzepane jajko (do posmarowania jajek)
- Cukier puder (do posypania)

INSTRUKCJE:

a) Rozgrzej piekarnik do 190°C (375°F).
b) Ciasto rozwałkować na blasze wyłożonej papierem do pieczenia.
c) Rozpuść kawałki czekolady w misce przeznaczonej do kuchenki mikrofalowej, mieszając, aż masa będzie gładka.
d) Rozłóż roztopioną czekoladę równomiernie na środku ciasta.
e) Na wierzchu czekolady ułóż świeże maliny.
f) Posyp maliny cukrem granulowanym.
g) Zawiń brzegi ciasta nad nadzieniem, tworząc rustykalną obwódkę.
h) Brzegi ciasta posmaruj roztrzepanym jajkiem.
i) Piec przez 25-30 minut lub do momentu, aż skórka będzie złotobrązowa.
j) Pozwól galette lekko ostygnąć przed posypaniem cukrem pudrem. Podawać na ciepło.

77. Galette Czekoladowa Solony Karmel

SKŁADNIKI:

- 1 gotowy spód ciasta
- 1 szklanka półsłodkich kawałków czekolady
- 1/2 szklanki solonego sosu karmelowego
- Płatki soli morskiej (do posypania)
- 1 roztrzepane jajko (do posmarowania jajek)
- Cukier puder (do posypania)

INSTRUKCJE:

a) Rozgrzej piekarnik do 190°C (375°F).
b) Ciasto rozwałkować na blasze wyłożonej papierem do pieczenia.
c) Rozpuść kawałki czekolady w misce przeznaczonej do kuchenki mikrofalowej, mieszając, aż masa będzie gładka.
d) Rozłóż roztopioną czekoladę równomiernie na środku ciasta .
e) Polej czekoladę sosem solonym karmelem.
f) Posyp karmel płatkami soli morskiej.
g) Zawiń brzegi ciasta nad nadzieniem, tworząc rustykalną obwódkę.
h) Brzegi ciasta posmaruj roztrzepanym jajkiem.
i) Piec przez 25-30 minut lub do momentu, aż skórka będzie złotobrązowa.
j) Pozwól galette lekko ostygnąć przed posypaniem cukrem pudrem. Podawać na ciepło.

78. Galette Czekoladowo-Bananowa

SKŁADNIKI:
- 1 gotowy spód ciasta
- 1 szklanka półsłodkich kawałków czekolady
- 2 dojrzałe banany, pokrojone w plasterki
- 2 łyżki brązowego cukru
- 1 roztrzepane jajko (do posmarowania jajek)
- Cukier puder (do posypania)

INSTRUKCJE:
a) Rozgrzej piekarnik do 190°C (375°F).
b) Ciasto rozwałkować na blasze wyłożonej papierem do pieczenia.
c) Rozpuść kawałki czekolady w misce przeznaczonej do kuchenki mikrofalowej, mieszając, aż masa będzie gładka.
d) Rozłóż roztopioną czekoladę równomiernie na środku ciasta.
e) Na wierzchu czekolady ułóż pokrojone w plasterki banany.
f) Posyp banany brązowym cukrem.
g) Zawiń brzegi ciasta nad nadzieniem, tworząc rustykalną obwódkę.
h) Brzegi ciasta posmaruj roztrzepanym jajkiem.
i) Piec przez 25-30 minut lub do momentu, aż skórka będzie złotobrązowa.
j) Pozwól galette lekko ostygnąć przed posypaniem cukrem pudrem. Podawać na ciepło.

79. Galette Malinowa z Białą Czekoladą

SKŁADNIKI:
- 1 gotowy spód ciasta
- 1 szklanka kawałków białej czekolady
- 1 szklanka świeżych malin
- 1 łyżka cukru granulowanego
- 1 roztrzepane jajko (do posmarowania jajek)
- Cukier puder (do posypania)

INSTRUKCJE:
a) Rozgrzej piekarnik do 190°C (375°F).
b) Ciasto rozwałkować na blasze wyłożonej papierem do pieczenia.
c) Rozpuść kawałki białej czekolady w misce przeznaczonej do kuchenki mikrofalowej, mieszając, aż masa będzie gładka.
d) Rozprowadź równomiernie roztopioną białą czekoladę na środku ciasta .
e) Na wierzchu białej czekolady ułóż świeże maliny.
f) Posyp maliny cukrem granulowanym.
g) Zawiń brzegi ciasta nad nadzieniem, tworząc rustykalną obwódkę.
h) Brzegi ciasta posmaruj roztrzepanym jajkiem.
i) Piec przez 25-30 minut lub do momentu, aż skórka będzie złotobrązowa.
j) Pozwól galette lekko ostygnąć przed posypaniem cukrem pudrem. Podawać na ciepło.

80. Galette Czekoladowo Wiśniowa

SKŁADNIKI:

- 1 gotowy spód ciasta
- 1 szklanka półsłodkich kawałków czekolady
- 1 szklanka świeżych wiśni, wypestkowanych i przekrojonych na połówki
- 1 łyżka cukru granulowanego
- 1 roztrzepane jajko (do posmarowania jajek)
- Cukier puder (do posypania)

INSTRUKCJE:

a) Rozgrzej piekarnik do 190°C (375°F).
b) Ciasto rozwałkować na blasze wyłożonej papierem do pieczenia.
c) Rozpuść kawałki czekolady w misce przeznaczonej do kuchenki mikrofalowej, mieszając, aż masa będzie gładka.
d) Rozłóż roztopioną czekoladę równomiernie na środku ciasta.
e) Na wierzchu czekolady ułóż połówki świeżych wiśni.
f) Posyp wiśnie granulowanym cukrem.
g) Zawiń brzegi ciasta nad nadzieniem, tworząc rustykalną obwódkę.
h) Brzegi ciasta posmaruj roztrzepanym jajkiem.
i) Piec przez 25-30 minut lub do momentu, aż skórka będzie złotobrązowa.
j) Pozwól galette lekko ostygnąć przed posypaniem cukrem pudrem. Podawać na ciepło.

81. Filiżanka z masłem orzechowym S'mores Galette

SKŁADNIKI:
- 1 ½ szklanki mąki uniwersalnej
- ½ szklanki okruszków krakersów graham
- ⅔ szklanki solonego masła, zimnego, pokrojonego w kostkę
- ¼ szklanki) cukru
- 5-6 łyżek zimnej wody
- 1 roztrzepane jajko do posmarowania jajek
- 15 dużych pianek marshmallow
- 1 szklanka mini grahamów w czekoladzie, przeciętych na pół
- 1 szklanka ulubionej posiekanej mlecznej czekolady
- 1 ½ szklanki pokruszonych kubków masła orzechowego
- ½ szklanki chipsów z masła orzechowego, roztopionych do skropienia (opcjonalnie)
- ½ szklanki pianek marshmallow do posmarowania (opcjonalnie)

INSTRUKCJE:
DO WYKONANIA SKÓRY:
a) Do miski stojącego miksera włóż mąkę, okruchy krakersów graham i cukier, a następnie dodaj przystawkę do ubijania. Daj mu szybką mieszankę do połączenia. Powoli dodawaj kostkę masła po kostce i miksuj na niskich obrotach, aż uzyska konsystencję mokrego piasku.
b) Alternatywnie możesz użyć noża do ciasta i pokroić masło w mieszaninę. Dodawaj po łyżce zimnej wody . Ciasto jest gotowe, gdy jest twarde i nie klei się.

POSKŁADAĆ WSZYSTKO DO KUPY:
c) Nie ma potrzeby schładzania ciasta.
d) Rozwałkuj ciasto na płaskiej powierzchni posypanej mąką. Rozwałkuj na okrąg o szerokości około 12 cali. Dodaj pianki marshmallow, mleczną czekoladę, czekoladowe grahamki i kubki z masłem orzechowym.
e) Delikatnie przesuwaj ciasto po cieście i złóż go tak, aby znajdował się około 2,5 cm nad nadzieniem, pozostawiając środek galette otwarty .

f) Kontynuuj składanie kolejnej części na poprzednią i tak dalej, aż cały spód zostanie złożony do wewnątrz. Posmaruj skórkę rozmąconym jajkiem.

UPIEC:

g) Piec w temperaturze 350° przez 25-30 minut lub do momentu, aż środek będzie musujący, a brzegi będą ładnie złocistobrązowe. Rozpuść chipsy z masłem orzechowym w naczyniu przeznaczonym do kuchenki mikrofalowej na wysokim poziomie przez 60-70 sekund lub do momentu rozpuszczenia. Zachowaj ostrożność , ponieważ miska może być gorąca.
h) Ubij chipsy, aż będą gładkie. Polać ciepłą galette . Przed podaniem pozostawić do lekkiego ostygnięcia. Podawać na ciepło, w temperaturze pokojowej lub na zimno.
i) Przechowywać pod przykryciem w temperaturze pokojowej do czterech dni. Cieszyć się!

82.Galette z ciemnej czekolady i pomarańczy

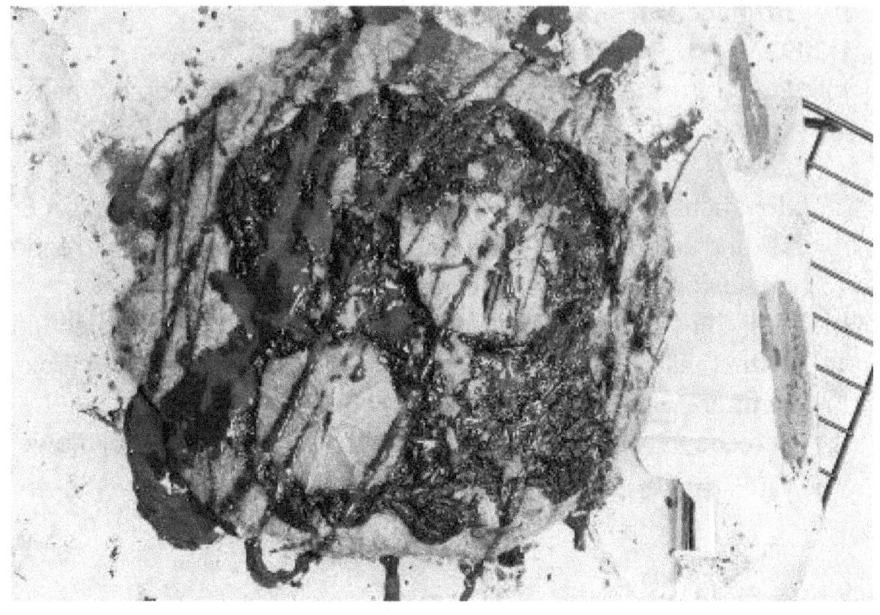

SKŁADNIKI:
- 1 gotowy spód ciasta
- 1 szklanka kawałków ciemnej czekolady
- Skórka z 1 pomarańczy
- 2 łyżki granulowanego cukru
- 1 roztrzepane jajko (do posmarowania jajek)
- Cukier puder (do posypania)

INSTRUKCJE:
a) Rozgrzej piekarnik do 190°C (375°F).
b) Ciasto rozwałkować na blasze wyłożonej papierem do pieczenia.
c) Posyp równomiernie kawałki ciemnej czekolady na środku ciasta.
d) Kawałki czekolady posypujemy skórką pomarańczową.
e) Posyp cukrem granulowanym czekoladę i skórkę pomarańczową.
f) Zawiń brzegi ciasta nad nadzieniem, tworząc rustykalną obwódkę.
g) Brzegi ciasta posmaruj roztrzepanym jajkiem.
h) Piec przez 25-30 minut lub do momentu, aż skórka będzie złotobrązowa.
i) Pozwól galette lekko ostygnąć przed posypaniem cukrem pudrem. Podawać na ciepło.

83. Galette z Czekoladą Kokosową

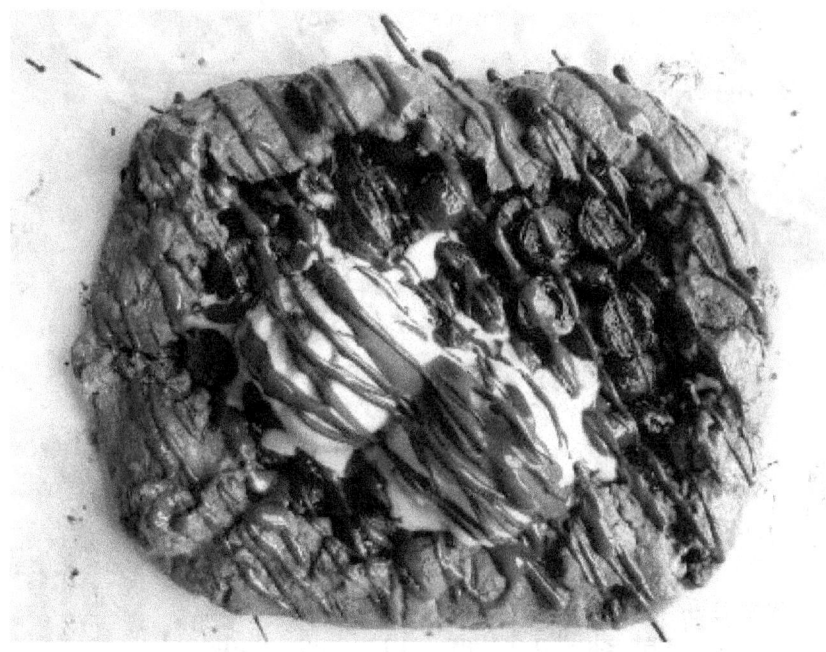

SKŁADNIKI:
- 1 gotowy spód ciasta
- 1 szklanka wiórków kokosowych
- 1 szklanka półsłodkich kawałków czekolady
- 2 łyżki granulowanego cukru
- 1 roztrzepane jajko (do posmarowania jajek)
- Cukier puder (do posypania)

INSTRUKCJE:
a) Rozgrzej piekarnik do 190°C (375°F).
b) Ciasto rozwałkować na blasze wyłożonej papierem do pieczenia.
c) Posyp równomiernie wiórkami kokosowymi środek ciasta.
d) Posyp kokosem półsłodkimi kawałkami czekolady.
e) Posyp czekoladę i kokos granulowanym cukrem.
f) Zawiń brzegi ciasta nad nadzieniem, tworząc rustykalną obwódkę.
g) Brzegi ciasta posmaruj roztrzepanym jajkiem.
h) Piec przez 25-30 minut lub do momentu, aż skórka będzie złotobrązowa.
i) Pozwól galette lekko ostygnąć przed posypaniem cukrem pudrem. Podawać na ciepło.

MIĘSNE GALETY

84.Galette Kiełbasiana

SKŁADNIKI:

- 2 krążki przygotowanego ciasta na ciasto (z opakowania 14,1 uncji)
- 8 uncji mielonej szałwiowej kiełbasy śniadaniowej
- 1 łyżka oliwy z oliwek (w razie potrzeby)
- 1/2 średniej cebuli, pokrojonej w cienkie paski
- 8 uncji pokrojonych w plasterki małych grzybów Bella
- 2/3 szklanki ricotty
- 4 ząbki czosnku, posiekane
- Świeżo mielona sól i pieprz do smaku
- 4 uncje sera Gruyere, posiekanego
- 1/2 łyżeczki suszonego tymianku
- 1 ubite jajko
- 1 łyżka wody

INSTRUKCJE:

a) Rozgrzej piekarnik do 400 stopni F. Wyłóż dwie blachy do pieczenia papierem pergaminowym. Rozwałkuj po jednym krążku ciasta na każdą blachę do pieczenia na papierze pergaminowym.

b) Gotuj kiełbasę na patelni na średnim ogniu, aż będzie rumiana i krucha, około 8 minut. Wyjmij kiełbasę z patelni łyżką cedzakową na talerz wyłożony ręcznikiem papierowym i odłóż na bok, zachowując olej z kiełbasy na patelni. Jeśli nie ma zbyt dużo oleju, dodaj na patelnię maksymalnie 1 łyżkę oliwy z oliwek.

c) Na patelnię wrzucić cebulę i podsmażyć ją na wytopionym oleju z kiełbasy. Gotuj, aż krawędzie cebuli zaczną się brązowieć i karmelizować, około 3 minuty. Dodaj grzyby na patelnię i smaż przez 4 minuty lub do momentu, aż zaczną robić się miękkie. Zdejmij warzywa z patelni i dodaj je do talerza wyłożonego ręcznikiem papierowym wraz z kiełbasą.

d) Rozłóż 1/3 szklanki ricotty na środku każdego ciasta , rozprowadzając równomiernie, ale pozostawiając pusty obwód o szerokości 1 1/2 cala. Rozłóż zmielony czosnek na wierzchu ricotty pomiędzy dwiema skórkami, następnie dodaj świeżo mieloną sól i pieprz do smaku.

e) Dodaj połowę mieszanki kiełbasowo-grzybowej równą warstwą na ricottę na każdym cieście. Posyp posiekanym serem Gruyere. Całość posyp tymiankiem.
f) Złóż krawędzie ciasta na nadzienie grzybowe wokół całego koła, zakładając co kilka centymetrów, aby zachować okrągły kształt. W małej misce wymieszaj jajko i wodę. Posmaruj brzegi ciasta masą jajeczną.
g) Piec w nagrzanym piekarniku przez 18-22 minut lub do momentu, aż skórka będzie złocista. Studzimy na blasze do pieczenia przez 10 minut przed przeniesieniem na półmisek.

85. Galette z Kurczakiem i Pieczarkami

SKŁADNIKI:

- 1 gotowy spód ciasta
- 2 szklanki gotowanego kurczaka, rozdrobnionego lub pokrojonego w kostkę
- 1 szklanka pokrojonych w plasterki grzybów
- 1 szklanka startego sera szwajcarskiego
- 1/4 szklanki posiekanej świeżej pietruszki
- Sól i pieprz do smaku
- 1 roztrzepane jajko (do posmarowania jajek)

INSTRUKCJE:

a) Rozgrzej piekarnik do 190°C (375°F).
b) Na patelni podsmaż pokrojone w plasterki pieczarki, aż zmiękną, a nadmiar płynu odparuje.
c) Ciasto rozwałkować na blasze wyłożonej papierem do pieczenia.
d) Rozłóż ugotowanego kurczaka równomiernie na środku ciasta, pozostawiając około 1-2 cali skórki na krawędziach.
e) Rozłóż smażone grzyby na kurczaku.
f) Posyp grzyby startym serem szwajcarskim i posiekaną świeżą pietruszką.
g) Dopraw solą i pieprzem do smaku.

86. Galette z wołowiną i karmelizowaną cebulą

SKŁADNIKI:

- 1 funt mielonej wołowiny
- 2 duże cebule, pokrojone w cienkie plasterki
- 1 łyżka oliwy z oliwek
- Sól i pieprz do smaku
- 1 szklanka startego sera Gruyere
- 1 łyżka świeżych liści tymianku
- 1 gotowy spód ciasta

INSTRUKCJE:

a) Rozgrzej piekarnik do 190°C (375°F).
b) Na patelni rozgrzej oliwę z oliwek na średnim ogniu. Dodaj pokrojoną w plasterki cebulę i smaż, mieszając od czasu do czasu, aż do karmelizacji, około 20-25 minut.
c) Dodaj mieloną wołowinę na patelnię i smaż, aż się zrumieni. Doprawić solą i pieprzem.
d) Ciasto rozwałkować na blasze wyłożonej papierem do pieczenia.
e) Na środek ciasta wyłóż mieszaninę wołowiny i cebuli , pozostawiając brzegi na brzegach.
f) Posyp pokrojonym serem gruyere na mieszankę wołową.
g) Złóż brzegi ciasta na nadzienie, zakładając w razie potrzeby.
h) Posmaruj brzegi ciasta roztrzepanym jajkiem, aby uzyskać złocisty kolor (opcjonalnie).
i) Piec w nagrzanym piekarniku przez 25-30 minut lub do momentu, aż skórka stanie się złotobrązowa.
j) posyp galette listkami świeżego tymianku .

87. Galette z szynką i serem

SKŁADNIKI:
Ciasto Galette
- 2 szklanki mąki gryczanej
- 1/4 szklanki mąki uniwersalnej
- 1 łyżka soli
- 4 1/2 szklanki wody
- 1 jajko

MONTAŻ
- Masło niesolone
- szynka
- Jajka
- Gruyère, tarty

INSTRUKCJE:
Ciasto Galette
a) Wszystko razem mieszamy , aż dobrze się połączy. Ciasto odstawiamy do lodówki na 2 godziny lub na całą noc.

MONTAŻ
b) Rozgrzej żeliwną patelnię do naleśników o średnicy 11 cali na średnim ogniu, aż będzie bardzo równomiernie gorąca. W przypadku charakterystycznych kraterów patelnia musi być na tyle gorąca, aby po wylaniu ciasto natychmiast przebiło się dziurami.
c) Rozpuść tyle masła, aby pokryć patelnię. Wlać 1/2 szklanki ciasta i przechylić patelnię tak, aby przykryła całą jej powierzchnię.
d) Smaż około 2 1/2 minuty po pierwszej stronie, następnie przewróć i smaż przez kolejne 1 1/2 minuty. Zdejmij galette z ognia i pozostaw do ostygnięcia, aż będzie potrzebna do nadzienia. Powtórz tę czynność z całym ciastem, w razie potrzeby dodając masło do patelni, aby zapobiec przywieraniu.
e) Aby uzyskać „ kompletny " montaż, rozpuść trochę masła i wrzuć ostudzoną galette , kraterami w dół, i natychmiast połóż plasterek szynki na środku, a następnie startego gruyere, aby przykryć plasterek. W międzyczasie na osobnej patelni ugotuj jajko na odrobinie roztopionego masła; gdy jajko będzie prawie ugotowane, delikatnie połóż je na gruyere tak, aby żółtko znajdowało się pośrodku i złóż cztery krawędzie galette, tak aby widoczne było tylko jajko.
f) Przykryj pokrywką i podgrzewaj przez około minutę, aż jajko się zetnie, a spód galette będzie chrupiący. Natychmiast podawaj.

88. Galette z Indykiem i Żurawiną

SKŁADNIKI:

- 1 gotowy spód ciasta
- 1 szklanka ugotowanego i posiekanego indyka
- 1/2 szklanki sosu żurawinowego
- 1/2 szklanki pokruszonego koziego sera
- 1/4 szklanki posiekanych orzechów pekan
- 1 łyżka posiekanej świeżej szałwii
- Sól i pieprz do smaku

INSTRUKCJE:

a) Rozgrzej piekarnik do 190°C (375°F).
b) Ciasto rozwałkować na blasze wyłożonej papierem do pieczenia.
c) Rozsmaruj sos żurawinowy na środku ciasta, pozostawiając brzegi na brzegach.
d) Sos żurawinowy posyp rozdrobnionym indykiem, pokruszonym serem kozim, posiekanymi orzechami pekan i posiekaną świeżą szałwią.
e) Doprawić solą i pieprzem.
f) Złóż brzegi ciasta na nadzienie, zakładając w razie potrzeby.
g) Piec w nagrzanym piekarniku przez 25-30 minut lub do momentu, aż skórka stanie się złotobrązowa.
h) Przed podaniem lekko ostudź.

89. Galette z jagnięciną i fetą

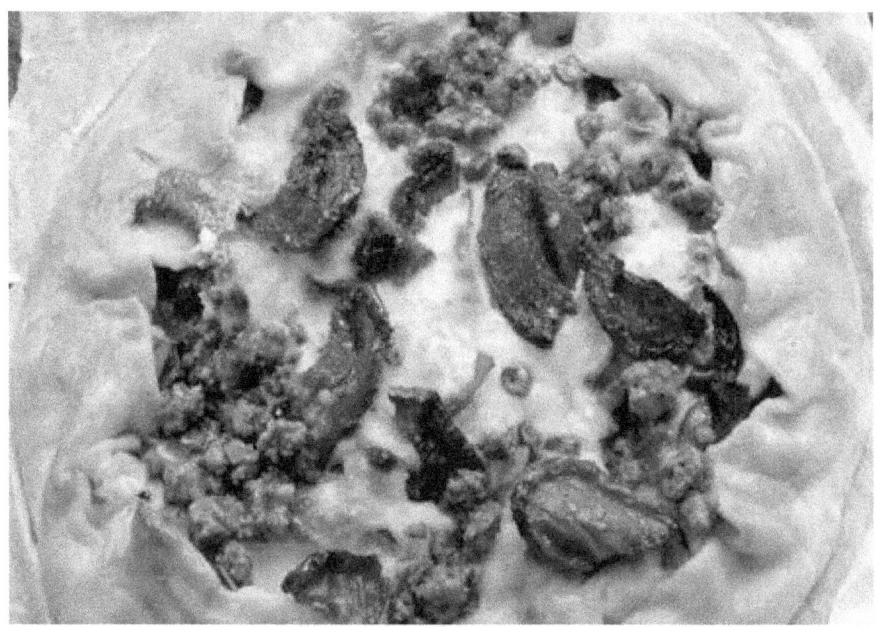

SKŁADNIKI:
- 1 gotowy spód ciasta
- 1 szklanka ugotowanej i rozdrobnionej jagnięciny
- 1/2 szklanki pokruszonego sera feta
- 1/4 szklanki posiekanej świeżej mięty
- 1/4 szklanki posiekanych oliwek Kalamata
- 1 łyżka oliwy z oliwek
- Sól i pieprz do smaku

INSTRUKCJE:
a) Rozgrzej piekarnik do 190°C (375°F).
b) Ciasto rozwałkować na blasze wyłożonej papierem do pieczenia.
c) W misce wymieszaj rozdrobnioną jagnięcinę, pokruszony ser feta, posiekaną świeżą miętę, posiekane oliwki Kalamata, oliwę z oliwek, sól i pieprz.
d) Nałóż masę jagnięcą na środek ciasta, pozostawiając brzegi na brzegach.
e) Złóż brzegi ciasta na nadzienie, zakładając w razie potrzeby.
f) Piec w nagrzanym piekarniku przez 25-30 minut lub do momentu, aż skórka stanie się złotobrązowa.
g) Pozostawić do ostygnięcia na kilka minut przed pokrojeniem i podaniem.

90. Galette z Szarpaną Wieprzowiną i Coleslawem

SKŁADNIKI:
- 1 gotowy spód ciasta
- 1 szklanka szarpanej wieprzowiny
- 1 szklanka mieszanki sałatki coleslaw
- 1/4 szklanki sosu barbecue
- 1/4 szklanki startego sera Cheddar
- Sól i pieprz do smaku

INSTRUKCJE:
a) Rozgrzej piekarnik do 190°C (375°F).
b) Ciasto rozwałkować na blasze wyłożonej papierem do pieczenia.
c) W misce wymieszaj szarpaną wieprzowinę i sos barbecue, aż będą dobrze pokryte.
d) Rozłóż szarpaną wieprzowinę równomiernie na środku ciasta, pozostawiając brzegi na brzegach.
e) Szarpaną wieprzowinę posyp mieszanką coleslaw i posiekanym serem cheddar.
f) Doprawić solą i pieprzem.
g) Złóż brzegi ciasta na nadzienie, zakładając w razie potrzeby.
h) Piec w nagrzanym piekarniku przez 25-30 minut lub do momentu, aż skórka stanie się złotobrązowa.
i) Przed podaniem lekko ostudź.

91.Galette z bekonem, jajkiem i serem

SKŁADNIKI:
- 1 gotowy spód ciasta
- 6 plasterków boczku, ugotowanych i pokruszonych
- 4 jajka
- 1/2 szklanki startego sera Cheddar
- Sól i pieprz do smaku

INSTRUKCJE:
a) Rozgrzej piekarnik do 190°C (375°F).
b) Ciasto rozwałkować na blasze wyłożonej papierem do pieczenia.
c) Posyp równomiernie ugotowanym i pokruszonym boczkiem na środku ciasta, pozostawiając brzegi na brzegach.
d) Na boczek wbij jajka, zachowując równomierne odstępy.
e) Posyp startym serem cheddar bekon i jajka.
f) Doprawić solą i pieprzem.
g) Złóż brzegi ciasta na nadzienie, zakładając w razie potrzeby.
h) Piec w nagrzanym piekarniku przez 20-25 minut lub do momentu, aż skórka będzie złotobrązowa, a jajka się zetną.
i) Przed podaniem lekko ostudź.

92. Galette Z Ziemniakami, Kiełbasą i Rozmarynem

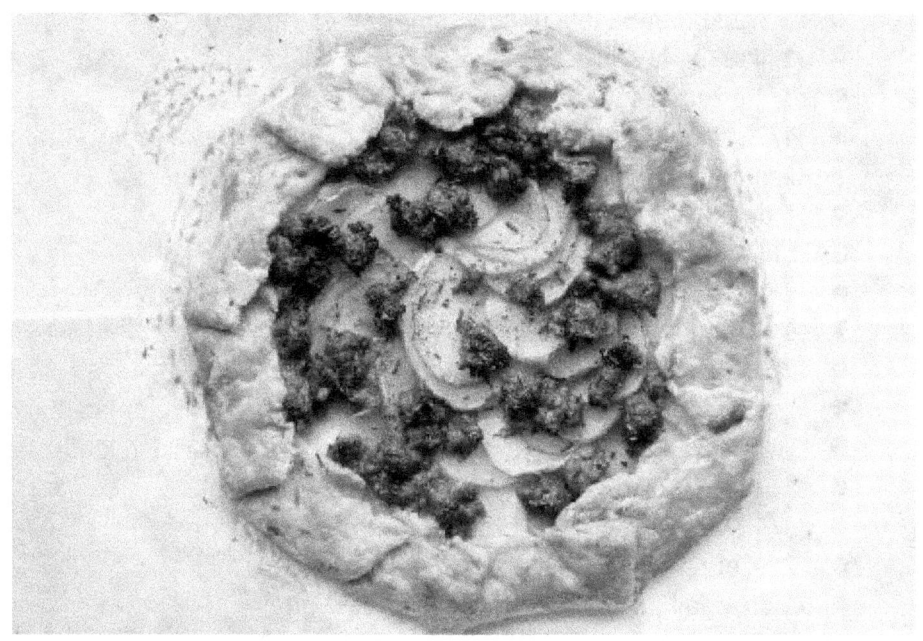

SKŁADNIKI:
CIASTO:
- 1 1/2 szklanki mąki uniwersalnej
- 1/4 szklanki startego parmezanu
- 1/4 łyżeczki soli
- 1/2 szklanki 1 kostka zimnego, niesolonego masła, pokrojonego w kostkę
- 5 do 6 łyżek bardzo zimnej wody

GALETTA:
- 1 łyżka oliwy z oliwek
- 1 szklanka startego sera mozzarella
- 1/2 szklanki startego sera Fontina
- 2 duże złote ziemniaki Yukon pokrojone w bardzo cienkie plasterki
- Usunięto 2 osłonki z gorących lub łagodnych włoskich kiełbasek
- 1/2 łyżeczki soli
- 1/4 łyżeczki świeżo mielonego czarnego pieprzu
- 2 łyżeczki posiekanego świeżego rozmarynu
- 1 duże jajko roztrzepane z odrobiną wody

INSTRUKCJE:

a) Aby przygotować ciasto, w dużej misce wymieszaj mąkę, parmezan i sól, aż dobrze się połączą. Dodaj masło i posiekaj je za pomocą blendera lub palców, aż będzie przypominać grube okruszki wielkości groszku. Skropić 5 łyżkami wody, delikatnie mieszając gumową szpatułką, aż wszystko zostanie równomiernie zwilżone ; w razie potrzeby dodać ostatnią łyżkę wody, aby uzyskać zwarte ciasto. Z ciasta uformuj dysk, zawiń w folię i włóż do lodówki na co najmniej 1 godzinę.

b) Rozgrzej piekarnik do 425°F. Blachę do pieczenia wyłóż papierem pergaminowym i odłóż na bok.

c) Aby złożyć galette , na lekko posypanej mąką powierzchni roboczej rozwałkuj ciasto na 12-calowe koło o grubości około 1/4 cala. Ostrożnie przenieś ciasto na wyłożoną pergaminem blachę do pieczenia. Posmaruj oliwą z oliwek, a następnie posyp środek z posiekanymi serami, pozostawiając wzdłuż krawędzi goły pasek o szerokości 2 cali.

d) Rozłóż plasterki ziemniaków na wierzchu sera, nakładając je na siebie, tworząc kopczyk. Rozłóż kiełbasę i połóż na ziemniakach. Doprawić solą, pieprzem i rozmarynem.
e) Złóż krawędzie ciasta w kierunku środka. Posmaruj krawędzie skorupy jajkiem i piecz na złoty kolor i musowanie, około 25 do 30 minut.
f) Wyjmij z piekarnika i odstaw na około 10 minut przed pokrojeniem i podaniem. Cieszyć się!

93. Galette Pieczone Pomidory Na Dwa Sposoby

SKŁADNIKI:
CIASTO:
- 70 g mąki pełnoziarnistej zimnej
- 70 g mąki zwykłej zimnej; Używam zwykłego orkiszu
- 50 g mąki owsianej zimnej; Ja robię swoje w blenderze
- Opcjonalnie 1 łyżka nasion kopru włoskiego
- 1 łyżka zimnej mąki kukurydzianej; lub dobra polenta
- 1/2 łyżeczki soli
- 100 g masła pokrojonego w kostkę i zimnego; preferowane organiczne
- 1 łyżeczka octu jabłkowego lub białego octu winnego
- 3 łyżki lodowatej wody
- 1 roztrzepane małe jajko (do późniejszego posmarowania)

POMIDORY
- 800 g najlepszych pomidorów, niezbyt małych
- 2 ząbki czosnku pokrojone w plasterki
- 1 gałązka rozmarynu
- 1 gałązka tymianku
- 3 łyżki oliwy z oliwek z pierwszego tłoczenia, do użytku podzielonego
- 1 długa szalotka pokrojona w plasterki; opcjonalny
- Konserwowana tapenada cytrynowa
- 3 łyżki tapenady z czarnych oliwek
- 1/2 konserwowanej cytryny drobno posiekanej

SŁODKA PASTA HARISSA
- 2 łyżki pasty harissy, najlepiej harissy różanej
- 1 łyżka najlepszego ketchupu pomidorowego
- 1/2 łyżki syropu daktylowego lub miodu

dip z ricotty
- 125 g ricotty
- 3 łyżki tapenady z czarnych oliwek
- 1 łyżka świeżego soku z cytryny
- skórka z połowy cytryny
- Opcjonalnie świeże liście tymianku i posiekane liście rozmarynu do podania

INSTRUKCJE:
WYrabianie ciasta

a) Prażymy nasiona kopru włoskiego, jeśli używamy, na małej patelni, aż zaczną wydzielać zapach. Krótko ostudzić, a następnie utrzeć tłuczkiem i moździerzem lub młynkiem do przypraw na gruby proszek. Będzie niesamowicie pachnieć!

b) Jak widać powyżej, składniki ciasta powinny być zimne. Po prostu włóż je do lodówki na 15 minut i to powinno wystarczyć. Teraz włóż mąkę, masło, sól i nasiona kopru do miski robota kuchennego i pulsuj, aż rozpadnie się na małe „kamyki". Nie należy go nadmiernie przetwarzać na gładką pastę.

c) Połącz wodę z lodem i ocet w małej filiżance i powoli dodawaj przez rurkę robota kuchennego, gdy robot jest włączony. Pozostaw maszynę włączoną do momentu, aż kulki ciasta znajdą się na jednej stronie. W misce może znajdować się kilka zabłąkanych kawałków, ale ogólnie ciasto powinno być spójne.

d) Wyciągnij ciasto z malaksera i uformuj gruby, spłaszczony krążek lub szorstki prostokąt na kawałku pergaminu lub folii spożywczej.

e) Podciągnij i złóż krawędzie, aby całkowicie je zamknąć; włożyć do zamrażarki na 15 minut. Lub do lodówki na 30 minut.

PIECZENIE POMIDORÓW

f) Rozgrzej piekarnik do 160C z termoobiegiem/180C/350F. Upewnij się, że masz dwa stojaki na dwie tacki z pomidorami.

g) Pokrój pomidory na plasterki o grubości około 1/2 cala i połóż na kilku warstwach ręcznika papierowego lub na podwójnej warstwie ściereczek kuchennych. Przykryj większą ilością ręcznika i lekko dociśnij. Spowoduje to usunięcie części płynu i przyspieszy pieczenie. Możesz pominąć ten kawałek i zamiast tego pozostawić pomidory do pieczenia na godzinę. Nie zauważyłem różnicy w smaku w zmyciu pomidorów częścią ich smacznego płynu.

h) Wyłóż kilka blach do pieczenia lekko zmiętą folią (papier do pieczenia nie sprawdza się tak dobrze, ale jest bardziej przyjazny dla środowiska) i posmaruj odrobiną oleju. Połóż na pomidorach i posmaruj olejem.

i) Wstawić do piekarnika i piec 45 minut. Podczas gdy pomidory się smażą, wymieszaj pozostałą oliwę osobno z czosnkiem i szalotką.

Po 15 minutach na jedną z blach wrzucamy naoliwiony czosnek i gałązki ziół.
j) Podczas gdy pomidory się pieczą, a ciasto odpoczywa, przygotuj ulubioną pastę . Wymieszaj wybrane składniki i odłóż na bok. Jeśli masz dip z ricotty, zrób to teraz, mieszając wszystko i wkładając do lodówki.
k) Składanie tego razem
l) Wyjmij ciasto z lodówki i rozpakuj. Rozwałkuj równomiernie na czystej, posypanej mąką (ja używam więcej mąki kukurydzianej) powierzchni roboczej do pożądanego kształtu, ale o średnicy około 12 cali / 1/4 cala grubości. Może pęknąć, więc po prostu załataj go innymi kawałkami, które będą wystające.
m) Luźno rozwałkuj połowę ciasta na wałek do ciasta (może być potrzebna pomoc podnośnika do ciasta) i ułóż całe ciasto na blaszce wyłożonej papierem do pieczenia.
n) Rozsmaruj wybrany pikantny krem na cieście, tylko odrobinę w pobliżu krawędzi. Dodaj większość pieczonych kawałków czosnku (nie martw się o zioła, dodały one smaku czosnkowi i są teraz opcjonalne), wszystkie kawałki szalotki i połóż na pieczonych pomidorach, pozostawiając szczelinę przy krawędziach.
o) Na wierzch połóż dowolne kawałki pieczonego czosnku. Złóż krawędzie gołego ciasta na zewnętrzną ćwiartkę pomidorów (patrz zdjęcia). Posmarować roztrzepanym jajkiem i wstawić do lodówki na 15 minut. Powinno wyglądać rustykalnie, a nie idealnie!
p) Zwiększ temperaturę piekarnika do 200°C z termoobiegiem/220°C/425°F.
q) Po schłodzeniu piecz galette w piekarniku przez 15 minut, następnie zmniejsz temperaturę do 160°C z termoobiegiem/180°C/350°F i piecz kolejne 20 minut, w razie potrzeby lekko przykrywając folią, aby zapobiec zbyt szybkiemu brązowieniu.
r) Wyjmij z piekarnika i lekko ostudź lub do temperatury pokojowej, a następnie pokrój na 6 plasterków i podawaj z sałatkami i dipem z ricotty.
s) Udekoruj dodatkowymi ziołami.

GALETY WARZYWNE

94. Galette Ratatuj

SKŁADNIKI:
- 1 gotowy spód ciasta
- 1 mały bakłażan, pokrojony w cienkie plasterki
- 1 cukinia, pokrojona w cienkie plasterki
- 1 żółta dynia, pokrojona w cienkie plasterki
- 1 papryka, pokrojona w cienkie plasterki
- 1 cebula, pokrojona w cienkie plasterki
- 2 ząbki czosnku, posiekane
- 2 łyżki oliwy z oliwek
- 1/2 szklanki sosu marinara
- 1/2 szklanki startego sera mozzarella
- Sól i pieprz do smaku
- Świeże liście bazylii do dekoracji

INSTRUKCJE:
a) Rozgrzej piekarnik do 190°C (375°F).
b) Na dużej patelni rozgrzej oliwę z oliwek na średnim ogniu. Dodać przeciśnięty przez praskę czosnek i pokrojone warzywa (bakłażan, cukinia, żółta dynia, papryka i cebula). Gotuj, aż zmięknie, około 8-10 minut. Doprawić solą i pieprzem.
c) Ciasto rozwałkować na blasze wyłożonej papierem do pieczenia.
d) Rozprowadź równomiernie sos marinara na środku ciasta , pozostawiając brzegi na brzegach.
e) Usmażone warzywa ułożyć na sosie marinara.
f) Warzywa posypujemy startym serem mozzarella.
g) Złóż brzegi ciasta na nadzienie, zakładając w razie potrzeby.
h) Piec w nagrzanym piekarniku przez 25-30 minut lub do momentu, aż skórka będzie złocistobrązowa, a ser się roztopi i zacznie bulgotać.
i) Przed podaniem udekoruj listkami świeżej bazylii.

95. Galette Warzywna Curry

SKŁADNIKI:
- 1 gotowy spód ciasta
- 2 szklanki mieszanych warzyw (takich jak kalafior, marchew, groszek i ziemniaki), pokrojonych w kostkę
- 1 cebula, drobno posiekana
- 2 ząbki czosnku, posiekane
- 2 łyżki curry w proszku
- 1/2 szklanki mleka kokosowego
- 2 łyżki oleju roślinnego
- Sól i pieprz do smaku

INSTRUKCJE:
a) Rozgrzej piekarnik do 190°C (375°F).
b) Na patelni rozgrzej olej roślinny na średnim ogniu. Dodać posiekaną cebulę i posiekany czosnek. Gotuj, aż zmięknie, około 2-3 minut.
c) Dodaj pokrojone w kostkę warzywa na patelnię i gotuj, aż będą lekko miękkie, około 5-7 minut.
d) Wymieszać z curry i mlekiem kokosowym. Doprawić solą i pieprzem. Gotuj przez kolejne 2-3 minuty, aż mieszanina lekko zgęstnieje.
e) Ciasto rozwałkować na blasze wyłożonej papierem do pieczenia.
f) Nałóż mieszankę warzyw curry na środek ciasta, pozostawiając brzegi na brzegach.
g) Złóż brzegi ciasta na nadzienie, zakładając w razie potrzeby.
h) Piec w nagrzanym piekarniku przez 25-30 minut lub do momentu, aż skórka stanie się złotobrązowa.
i) Przed podaniem lekko ostudź.

96.Caprese Galeta

SKŁADNIKI:
- 1 gotowy spód ciasta
- 2 duże pomidory, pokrojone w cienkie plasterki
- 8 uncji świeżego sera mozzarella, pokrojonego w plasterki
- 1/4 szklanki świeżych liści bazylii
- 2 łyżki glazury balsamicznej
- 2 łyżki oliwy z oliwek
- Sól i pieprz do smaku

INSTRUKCJE:
a) Rozgrzej piekarnik do 190°C (375°F).
b) Ciasto rozwałkować na blasze wyłożonej papierem do pieczenia.
c) Ułóż plastry pomidora i plastry świeżej mozzarelli tak, aby zachodziły na siebie na środku ciasta, pozostawiając brzegi na krawędziach.
d) Porwij liście świeżej bazylii i połóż je na pomidorach i mozzarelli.
e) Pomidory i mozzarellę skrop sosem balsamicznym i oliwą z oliwek. Doprawić solą i pieprzem.
f) Złóż brzegi ciasta na nadzienie, zakładając w razie potrzeby.
g) Piec w nagrzanym piekarniku przez 20-25 minut lub do momentu, aż skórka będzie złotobrązowa, a ser się roztopi.
h) Przed podaniem lekko ostudź.

97. Galette z grzybami i Gruyere

SKŁADNIKI:
- 1 gotowy spód ciasta
- 2 szklanki pokrojonych w plasterki grzybów (takich jak cremini lub pieczarki)
- 1 łyżka masła
- 1 cebula, pokrojona w cienkie plasterki
- 2 ząbki czosnku, posiekane
- 1 szklanka startego sera Gruyere
- 1 łyżka świeżych liści tymianku
- Sól i pieprz do smaku

INSTRUKCJE:
a) Rozgrzej piekarnik do 190°C (375°F).
b) Na patelni rozpuść masło na średnim ogniu. Dodać pokrojone w plasterki pieczarki, pokrojoną cebulę i posiekany czosnek. Gotuj, aż grzyby będą miękkie, a cebula karmelizowana, około 10-12 minut. Doprawić solą i pieprzem.
c) Ciasto rozwałkować na blasze wyłożonej papierem do pieczenia.
d) Rozłóż ugotowaną mieszaninę grzybów i cebuli równomiernie na środku ciasta, pozostawiając brzegi na brzegach.
e) Posyp startym serem Gruyere mieszaninę grzybów.
f) Posyp ser listkami świeżego tymianku.
g) Złóż brzegi ciasta na nadzienie, zakładając w razie potrzeby.
h) Piec w nagrzanym piekarniku przez 25-30 minut lub do momentu, aż skórka będzie złocistobrązowa, a ser się roztopi i zacznie bulgotać.
i) Przed podaniem lekko ostudź.

98. Galette ze szpinakiem i fetą

SKŁADNIKI:
- 1 gotowy spód ciasta
- 4 szklanki świeżych liści szpinaku
- 1 łyżka oliwy z oliwek
- 2 ząbki czosnku, posiekane
- 1/2 szklanki pokruszonego sera feta
- 1/4 szklanki startego parmezanu
- Sól i pieprz do smaku

INSTRUKCJE:
a) Rozgrzej piekarnik do 190°C (375°F).
b) Na patelni rozgrzej oliwę z oliwek na średnim ogniu. Dodaj posiekany czosnek i gotuj, aż zacznie pachnieć, około 1 minuty.
c) Dodaj świeże liście szpinaku na patelnię i gotuj, aż zwiędną, około 2-3 minuty. Doprawić solą i pieprzem.
d) Ciasto rozwałkować na blasze wyłożonej papierem do pieczenia.
e) Rozłóż ugotowany szpinak równomiernie na środku ciasta , pozostawiając brzegi na brzegach.
f) Posyp szpinak pokruszonym serem feta i startym parmezanem.
g) Złóż brzegi ciasta na nadzienie, zakładając w razie potrzeby.
h) Piec w nagrzanym piekarniku przez 25-30 minut lub do momentu, aż skórka będzie złocistobrązowa, a ser się roztopi i zacznie bulgotać.
i) Przed podaniem lekko ostudź.

99. Galette z pieczonych warzyw

SKŁADNIKI:
- 1 gotowy spód ciasta
- 2 szklanki mieszanych pieczonych warzyw (takich jak papryka, cukinia, bakłażan i pomidorki koktajlowe)
- 2 łyżki oliwy z oliwek
- 1 łyżka octu balsamicznego
- 2 ząbki czosnku, posiekane
- Sól i pieprz do smaku
- 1/4 szklanki pokruszonego sera koziego
- 2 łyżki posiekanej świeżej bazylii

INSTRUKCJE:
a) Rozgrzej piekarnik do 190°C (375°F).
b) W misce wymieszać pieczone warzywa z oliwą, octem balsamicznym, przeciśniętym przez praskę czosnkiem, solą i pieprzem.
c) Ciasto rozwałkować na blasze wyłożonej papierem do pieczenia.
d) Ułóż pieczone warzywa równomiernie na środku ciasta , pozostawiając brzegi na brzegach.
e) Posyp pieczone warzywa pokruszonym serem kozim.
f) Posyp ser posiekaną świeżą bazylią.
g) Złóż brzegi ciasta na nadzienie, zakładając w razie potrzeby.
h) Piec w nagrzanym piekarniku przez 25-30 minut lub do momentu, aż skórka stanie się złotobrązowa.
i) Przed podaniem lekko ostudź.

100.Galette z Cukinii i Pomidorów

SKŁADNIKI:
- 5 uncji mąki uniwersalnej
- 1 cukinia
- 1 średnia czerwona cebula
- ¾ uncji parmezanu
- 1 cytryna
- 2 śliwkowe pomidory
- 1 uncja serka śmietankowego
- 4 uncje pesto bazyliowego
- 3 uncje rukoli
- cukier
- koszerna sól i mielony pieprz
- 6 łyżek masła
- Oliwa z oliwek
- 1 duże jajko

INSTRUKCJE:

a) W średniej misce wymieszaj mąkę, 1 łyżeczkę cukru i ½ łyżeczki soli. Pokrój 6 łyżek zimnego masła na kawałki o grubości ½ cala; dodać do mąki i wymieszać do panierowania. Palcami ugniataj masło, aby je spłaszczyć i wmieszaj do mąki, aż uzyska wielkość małego groszku.

b) Zasyp mieszanką mąki i masła ¼ szklanki zimnej wody. Mieszaj szpatułką do połączenia, a następnie ugniataj rękami, aż ciasto utworzy kudłatą kulę. Wklep w dysk o szerokości 4 cali (około ¾ cala grubości). Zawiń w folię i przechowuj w lodówce, aż stwardnieje, co najmniej 2 godziny (najlepiej przez całą noc). Rozgrzej brojler za pomocą rusztu w górnej jednej trzeciej. Posmaruj blachę do pieczenia olejem.

c) Cukinię i cebulę (krążki cebuli zachować w całości) pokroić w krążki o grubości ¼ cala. Zetrzyj drobno parmezan i ½ łyżeczki skórki z cytryny. Do średniej miski wyciśnij 2 łyżeczki soku z cytryny. Pokrój pomidory w cienkie plasterki; przełożyć na talerz wyłożony ręcznikiem papierowym i doprawić solą i pieprzem. Odstawić na minimum 15 minut. Pomidory osusz przed złożeniem galette .

d) Cukinię i cebulę ułożyć w jednej warstwie na przygotowanej blasze do pieczenia; skrop oliwą i dopraw solą i pieprzem.
e) Smażyć na górnym stojaku, aż się zrumieni i będzie miękkie, 10–13 minut (uważnie obserwuj). W małej misce wymieszaj serek śmietankowy, skórkę z cytryny i 2 łyżki pesto. Doprawić do smaku solą i pieprzem. Rozgrzej piekarnik do 400°F ze stojakiem pośrodku.
f) Rozwałkuj ciasto na 12-calowy okrąg; ułożyć na blaszce wyłożonej pergaminem. W misce ubij 1 duże jajko i 1 łyżkę wody; odłóż masę jajeczną na bok. Rozłóż równomiernie serek pesto na cieście, pozostawiając 1-calową granicę; na wierzchu ułóż warzywa w zachodzących na siebie warstwach. Zawiń brzeg ciasta nad nadzieniem, zaginając w razie potrzeby. Wierzch ciasta posmaruj jajkiem i posyp odrobiną parmezanu.
g) Piec galette na środkowej półce piekarnika, aż skórka będzie złocista, 30–40 minut. Odstaw na 10 minut. Do miski z sokiem z cytryny dodaj 2 łyżki oleju i szczyptę soli i pieprzu. Dodać rukolę i wymieszać.
h) galette pozostałym pesto ; pokroić w ćwiartki i podawać z sałatką posypaną pozostałym parmezanem.
i) Cieszyć się!

WNIOSEK

Zamykając strony „KSIĄŻKA KUCHENNA WSPANIAŁE GALETY", mamy nadzieję, że zainspirowało Cię to do odkrywania nieskończonych możliwości tego ukochanego rustykalnego ciasta. Od słodkich po pikantne, od prostych po wyrafinowane – galety oferują świat kulinarnej kreatywności, który czeka na odkrycie. Kontynuując swoją kulinarną podróż, pamiętaj, że gotowanie jest wyrazem miłości, kreatywności i radości. Niezależnie od tego, czy pieczesz dla siebie, swoich bliskich, czy na specjalną okazję, niech każda stworzona przez Ciebie galeta wniesie ciepło do Twojej kuchni i radość na Twój stół.

Delektując się ostatnimi okruchami swojej najnowszej galette , pamiętaj, że wspomnienia powstałe w kuchni pozostaną na długo po wyczyszczeniu talerzy . Dziel się swoją miłością do pieczenia, gromadź się przy stole z bliskimi Ci osobami i twórz chwile, które odżywiają ciało i duszę. A kiedy będziesz gotowy, aby rozpocząć kolejną przygodę z pieczeniem, wiedz, że „Książka kucharska The Glorious Galettes " będzie gotowa, aby poprowadzić Cię dzięki pysznym przepisom i ponadczasowemu urokowi.

Dziękujemy, że dołączyłeś do nas w tej podróży po świecie galettes . Niech Twoja kuchnia wypełni się śmiechem, Twój piekarnik ciepłem, a Twój stół rozkoszami domowej roboty. Do ponownego spotkania, życzę udanych wypieków i smacznego!

www.ingramcontent.com/pod-product-compliance
Lightning Source LLC
Chambersburg PA
CBHW070652120526
44590CB00013BA/930